Redbook

© 2021, Claudio Soler
© 2021, Redbook ediciones

Diseño de cubierta e interior: Barbaink

Fotografías: Wikimedia Commons / Archivo APG

ISBN: 978-84-9917-644-4
Depósito legal: B-8.852-2021
Impreso por Reprográficas Malpe, S.A. c/ Calidad, 34, bloque 2,
nave 7 Pol. Ind. "Los Olivos" 28906 Getafe Madrid

Impreso en España - *Printed in Spain*

Claudio Soler

LOS
ILLUMINATI
Y EL CONTROL MUNDIAL

TRAS LOS PASOS DE LA SOCIEDAD SECRETA
MÁS PELIGROSA DE LA HISTORIA

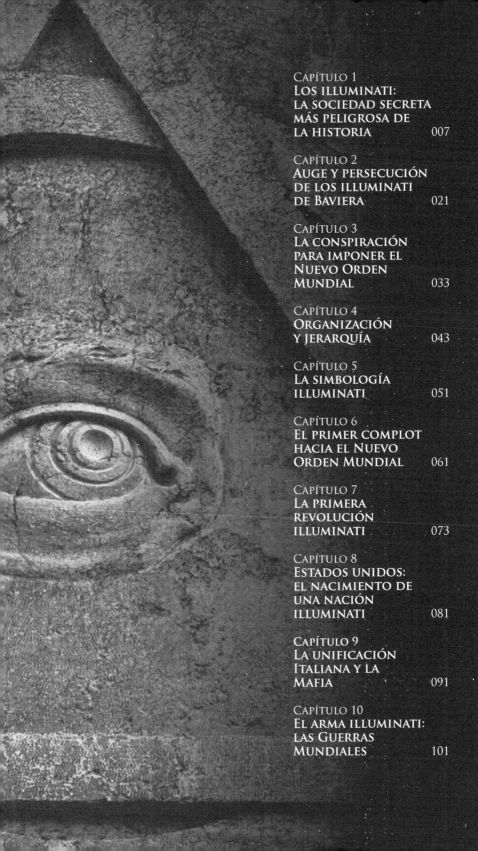

Capítulo 1
LOS ILLUMINATI:
LA SOCIEDAD SECRETA
MÁS PELIGROSA DE
LA HISTORIA   007

Capítulo 2
AUGE Y PERSECUCIÓN
DE LOS ILLUMINATI
DE BAVIERA   021

Capítulo 3
LA CONSPIRACIÓN
PARA IMPONER EL
NUEVO ORDEN
MUNDIAL   033

Capítulo 4
ORGANIZACIÓN
Y JERARQUÍA   043

Capítulo 5
LA SIMBOLOGÍA
ILLUMINATI   051

Capítulo 6
EL PRIMER COMPLOT
HACIA EL NUEVO
ORDEN MUNDIAL   061

Capítulo 7
LA PRIMERA
REVOLUCIÓN
ILLUMINATI   073

Capítulo 8
ESTADOS UNIDOS:
EL NACIMIENTO DE
UNA NACIÓN
ILLUMINATI   081

Capítulo 9
LA UNIFICACIÓN
ITALIANA Y LA
MAFIA   091

Capítulo 10
EL ARMA ILLUMINATI:
LAS GUERRAS
MUNDIALES   101

CAPÍTULO 11
LA II GUERRA
MUNDIAL NO ES
LO QUE PARECE   113

CAPÍTULO 12
CONSPIRACIÓN PARA
PREPARAR LA III
GUERRA MUNDIAL   125

CAPÍTULO 13
COMPLOTS
ILLUMINATI EN LA
HISTORIA RECIENTE   133

CAPÍTULO 14
UN ARMA DE
DOBLE FILO:
LA GLOBALIZACIÓN   145

CAPÍTULO 15
CONTROLADOS POR
LA TECNOLOGÍA.
(PARTE I)   155

CAPÍTULO 16
CONTROLADOS POR
LA TECNOLOGÍA.
(PARTE II)   163

CAPÍTULO 17
LOS GUARDIANES
DE LAS SIETE LLAVES   173

CAPÍTULO 18
UNA ROSA Y
UNA CRUZ PARA
CONSPIRAR   183

CAPÍTULO 19
SKULLS & BONES O
LA ORDEN 322   193

CAPÍTULO 20
EL GRUPO
BILDERBERG   201

CAPÍTULO 21
DOBLEGAR LAS
MENTES PARA
DOMINAR EL
MUNDO   211

CAPÍTULO 22
UNA CORTINA
DE HUMO
REPTILIANA   221

CAPÍTULO 23
NEGOCIOS OPACOS,
PLACERES OSCUROS   229

CAPÍTULO 24
LA CONSPIRACIÓN
EN LAS REDES   237

CAPÍTULO 25
POP, DROGAS &
ILLUMINATI   243

CAPÍTULO 26
¿LA PANDEMIA DE
LOS ILLUMINATI?   253

CAPÍTULO 27
POSVERDAD
EN LA ERA DE
LA MENTIRA   263

Das
verbesserte System
der
Illuminaten
mit allen
seinen Graden und Einrichtungen.

Herausgegeben von

Adam Weishaupt
Herzoglich Sachs. Goth. Hofrath.

Hic situs est Phaeton, currus auriga paterni:
Quem si non tenuit; magnis tamen excidit ausis.
Ovid. Met. B. 2.

Neue und vermehrte Auflage.

Frankfurt und Leipzig,
in der Grattenauerischen Buchhandlung. 1788.

CAPÍTULO 1

LOS ILLUMINATI: LA SOCIEDAD SECRETA MÁS PELIGROSA DE LA HISTORIA

Desde que la pandemia irrumpió en nuestras vidas, cualquier distopía es posible. Somos más proclives a creer que lo imposible puede convertirse en cotidiano. Lo hemos visto. Lo hemos vivido. Y nos han mostrado pruebas. A raíz de la aparición de la Covid-19, de nuevo se ha vuelto a hablar de los illuminati y de las sociedades secretas tanto en los medios de comunicación como en los foros que intentan buscar una explicación a lo que nadie creyó que ocurriría.

¿Qué son los illuminati? Lo que se sabe a ciencia cierta es que se trata de una sociedad secreta. Estas dos últimas palabras sugieren complots en la sombra, titiriteros sin rostro de la política o individuos carentes de escrúpulos que desencadenan crisis para enriquecerse... ¿Existen? ¿Qué es lo que pretenden? ¿Cuánto tiempo llevan cambiando el rumbo de la historia a su favor?

Las sociedades secretas no son patrimonio de los illuminati ni son un fenómeno nuevo. Nuestros antepasados también tuvieron que convivir con esas agrupaciones que conspiraban sigilosamente. Masones, rosacruces o sufís llevan siglos maquinando al margen de lo establecido. Sus conciudadanos temieron también lo oculto, lo que discurre entre bambalinas, lo que cuestiona las certezas que ordenaban su realidad.

Sin embargo, los illuminati marcaron un antes y un después en este tipo de organizaciones y ahora mismo son la sociedad secreta más temida. ¿Qué es lo que la ha convertido en la más peligrosa de la historia? A esta pregunta se dará respuesta en este capítulo.

Una organización tan poderosa como atípica

Los illuminati presentan unas características específicas que los separan del resto de sociedades secretas. Esta organización nace en el siglo XVIII, sin tradición ni leyendas, como tenían las que habían operado hasta aquel momento. Se adaptan a los tiempos modernos con eficacia y sin el peso de una tradición obsoleta. Eso les permite ser mucho más efectivos. Y también mucho más letales.

Para entender su funcionamiento es necesario hacer un breve paréntesis y comprender qué es una sociedad secreta y en qué se diferencia la de los illuminati. Sus predecesoras habitualmente fundamentan sus orígenes en leyendas y en hechos históricos ocurridos en la antigüedad. Se desconocía la fecha en la que se constituyeron y quién era su fundador y esa imprecisión les confería una cualidad inevitable, inmortal e insoslayable. Vendían la leyenda de que siempre estuvieron con nosotros y eso hacía temer que seguirían ahí pasara lo que pasara.

Pero ese es un poder mítico, de leyenda, que tal vez funcionó siglos atrás. Cuando los tiempos cambiaron, los illuminati tomaron el mando y crearon una organización moderna que le abriría las puertas al capitalismo y utilizaría las novedades tecnológicas para controlar el mundo. Es por eso que desde sus inicios se distinguen por haber hecho las cosas a su modo.

Los illuminati no recurren a míticos orígenes porque tienen una fecha concreta de creación: 1 de mayo de 1776; y un fundador: Adam Weishaupt. La historia oficial de esta organización está documentada hasta su disolución y la persecución de sus miembros en 1785.

A partir de ahí, la sociedad se reconstruye en la clandestinidad, por lo que ya no existen evidencias de su actividad. Se abre la veda a las especulaciones y encontramos indicios consistentes de que esta orden movió los hilos de la Revolución Francesa y que podría también estar vinculada a sucesos tan recientes y demoledores como la expansión del coronavirus.

Más adelante se tratará en profundidad su fundación, pero antes es necesario entender qué consideramos una sociedad secreta y en qué contexto social, político y religioso surgen los iluminados de Baviera.

Imagen de una ceremonia de iniciación de los illuminati del siglo XVIII.

El inicio: el fuego de la revelación

¿Cuál fue la primera sociedad secreta de la humanidad? No hay una respuesta clara, pero sí bastantes evidencias de que desde que se constituyen las primeras civilizaciones surgen entramados de poder ocultos con siniestras intenciones.

Algunos analistas consideran que el mito de Prometeo es una metáfora sobre la constitución de la primera sociedad secreta. Prometeo, el dios benefactor de los humanos, burló a Zeus que para castigarle le quitó el fuego a los hombres. La subsistencia de la humanidad peligraba sin lumbre y el dios rebelde lo robó del Olimpo para devolvérselo a sus protegidos. Muchos historiadores consideran que la mitología no deja de ser una fábula sobre hechos que ocurrieron.

Por tanto se apunta que la primera sociedad secreta pudo ser la de los primeros hombres que descubrieron el fuego y guardaron el secreto únicamente para los de su clan. Una jerarquía (una primigenia elite) custodiaba la llama y decidía cuándo se empleaba. De este modo garantizaban la supervivencia de los suyos y condenaban al frío y a la muerte a otros cazadores rivales que podían privarles de los recursos naturales de la zona.

Prometeo, en el texto del poeta griego Esquilo, roba el fuego a los dioses en el monte Olimpo para dárselo a la humanidad.

Esta supuesta "sociedad" no era del todo secreta, pues se sabía que un grupo de personas gestionaban este recurso. De todas formas, parece que además del fuego compartían otros secretos esotéricos, lo que después será una constante en este tipo de agrupaciones. Y otra de las características que se repetirá es la de acabar con los grupos enemigos para hacerse con el mayor número de recursos.

Tampoco resulta casual que el secreto a esconder fuera el fuego, que siglos después se entendió como la luz, como la iluminación: lo que permitía salir de las tinieblas a un grupo concreto de personas para que fueran "iluminados".

El complot de los números

Más allá de la mitología, la primera sociedad secreta de la que se tiene constancia y que se puede entender como tal, aunque presenta ciertas peculiaridades que la separan de las contemporáneas, es la escuela pitagórica en la Grecia Clásica (VI a.C.). En ella se imparten conocimientos que no pueden revelarse a nadie que no pertenezca a la misma.

La escuela pitagórica, fundada por Pitágoras de Samos (569 a.C - 475 a.C.), tenía un lema que bien podría aplicarse a este tipo de organizaciones en la actualidad: "no todo puede revelarse a todos". Sus miembros, entre los que se admitían mujeres, algo inusitado en la época, mantenían riguroso secreto sobre sus conocimientos y obedecían a una estructura jerarquizada. Los recién llegados debían donar sus riquezas y llevar una vida de ascetismo en la propia escuela, mientras que los que ocupaban peldaños superiores podían tener posesiones y vivir en sus propias casas.

El conocimiento estaba estratificado y los recién llegados, que recibían el nombre de acusmáticos, accedían a las matemáticas, la astronomía o la música, pero debían esperar a ser ascendidos para recibir revelaciones más místicas.

La doctrina pitagórica considera que la esencia de todo se halla en los números. Nos han llegado las teorías matemáticas (el famoso teorema de Pitágoras) y las aportaciones a otras disciplinas, pero sigue siendo un misterio cuáles eran los conocimientos aptos solo para iniciados. Algunos aseguran que buscaban la inmortalidad o la explicación a través de los números a la transmigración de las almas (la reencarnación). Fuera lo que fuese, los miembros debían guardarlo en absoluto silencio y por ello debían de llevar a cabo un juramento ritual.

Este tipo de ceremonias se continúa llevando a cabo en la mayoría de las sociedades secretas actuales y sirve de advertencia para que los adeptos comprendan las graves consecuencias que les acarrearía una indiscreción. En este sentido, alrededor de cualquier sociedad secreta circulan rumores de terribles muertes rituales o de escándalos que hundieron a los que hablaron de más.

Los seguidores de Pitágoras fueron los primeros en escarmentar a un traidor y disuadir a cualquiera que pretendiera seguir sus

Los teoremas de Pitágoras se siguen usando hoy en día.
En su escuela se aceptaban mujeres, algo novedoso en la época.

pasos. La víctima fue uno de sus miembros, Hípaso de Mataponto, matemático, filósofo y teórico de la música que vivió a finales del siglo VI a.c. y falleció a principios del siglo V a.c. Descubrió los números irracionales y compartió sus hipótesis con estudiosos que no pertenecían a la organización. Los pitagóricos castigaron su falta: lo expulsaron y en la escuela se erigió una tumba con su nombre para simbolizar que para ellos estaba muerto. Pronto la alegoría se convirtió en certeza. Dejó este mundo en extrañas circunstancias que apuntan a que sus antiguos compañeros le ejecutaron por su indiscreción.

Masones y pirámides: ¿historia o leyenda?

La siguiente referencia histórica a la que recurren los especialistas en el estudio de las sociedades secretas se sitúa durante la construcción del templo de Salomón (988 a.C.). El monarca hebreo le encargó la edificación del lugar de culto que albergaría el arca de la alianza y las tablas de Moisés al arquitecto Hiram Abí. Los trabajadores que estaban a sus órdenes se dividían en tres grupos: aprendiz, compañero y maestro, y solo podían ser ascendidos (y disfrutar de una mejora salarial) cuando estaban preparados para recibir nuevos conocimientos. Según la leyenda, tres "compañeros" ávidos por medrar intentaron que Hiram les revelara los secretos que les eran vetados. Al negarse, le asestaron tres golpes que acabaron con su vida.

Este es el mito fundacional de la masonería, que se recuerda en sus lugares de reunión las medidas del mítico templo e incorpora a sus rituales escenas que rinden tributo al arquitecto. También ordena a sus adeptos en las tres categorías de aprendiz, compañero y maestro. Pero la documentación sobre la masonería demuestra que se trata de una recreación que se pergeñó entre 1720 y 1723, cuando la logia ya estaba constituida. El objetivo era unificar sus rituales y conferir un origen mítico.

Estas leyendas sirven para legitimar las sociedades secretas, para establecer una línea temporal ininterrumpida desde tiempos remotos hasta nuestros días. Resulta prácticamente imposible separar mito de historia, pero lo que sí parece comprobable es que las organizaciones secretas de una u otra índole existieron desde el inicio de la humanidad. Sin embargo, fue a partir del siglo XVIII cuando se estableció el modelo que ha perdurado hasta nuestros días. Justo en ese momento nacieron los iluminados de Baviera que reúnen todos los requisitos que definen una sociedad secreta tal y como la entendemos. Antes de adentrarnos en los orígenes de los illuminati es necesario comprender qué es y qué no es una sociedad secreta.

Sectas *versus* sociedades secretas

Estos dos términos tienden a confundirse e incluso emplearse como sinónimos cuando no lo son. Las sectas pueden ser sociedades secretas, pero no todas las sociedades secretas son sectas. Ahora aclararemos esta cuestión, que es básica para el tema que nos concierne.

Una de las acepciones del Diccionario de la Real Academia (RAE) define secta como: "Doctrina religiosa o ideológica que se aparta de lo que se considera ortodoxo". Etimológicamente, hay dos explicaciones a los orígenes de la palabra: podría provenir de *sequi* (seguir) o de *secare* (sector). Ambos conceptos confluyen en la actual definición: se trata de un grupo de seguidores de una doctrina que se ha escindido de un grupo mayor.

En este sentido, la religión cristiana empezó siendo una secta que se había escindido del judaísmo y que tenía carácter secreto debido a la persecución que sufrían. Pero esos dos aspectos (escisión y secretismo) no definían el cristianismo, eran variantes motivadas por el contexto histórico. La religión cristiana abandonó en cuanto pudo esas dos características: se erigió como un credo independiente y empleó el proselitismo, llámese evangelización, para difundir la palabra del Señor y aumentar sus seguidores.

Las sectas han adquirido un carácter secretista debido a que muchas de ellas en la actualidad infringen la ley. Según otra de las acepciones de la RAE, una secta es también una "comunidad cerrada, que promueve o aparenta promover fines de carácter espiritual, en la que los maestros ejercen poder absoluto sobre los adeptos". En estos casos, el secretismo encubre prácticas peligrosas y en algunos casos criminales.

Las sectas, se escondan o no, tienden al proselitismo: a captar nuevos seguidores. Pueden exigirles que no revelen su pertenencia al grupo, pero la dinámica de cualquiera de ellas es engrosar su base de adeptos. Y esto es lo que las diferencia de las sociedades secretas, que no permiten la entrada a quien lo desee y que no buscan engrosar su lista de adeptos.

Por lo tanto, aclarado el punto de que las sectas pueden ser secretas pero que las sociedades secretas no son sectas, se impone entender por qué estas últimas se mantienen ocultas.

Secretos al margen de la ley

¿Cuál es la razón por la que tienen que esconderse y preservar de la mirada del resto de la sociedad sus objetivos? Las razones son dos: que sus prácticas estén al margen de la ley o que sus conocimientos requieran una iniciación.

La primera requiere una aclaración. Mantenerse al margen de la ley no significa obligatoriamente que la actividad de la agrupación sea peligrosa o dañina para los demás. Muchas leyes de la antigüedad eran injustas e infringirlas no suponía un prejuicio para nadie, ni una actividad lucrativa para quienes lo hacían. Sirve como ejemplo el mencionado origen del cristianismo: la persecución por parte del Imperio Romano que consideraba que atentaban contra su propia religión y por eso se escondían.

Existen otras razones que no estarían relacionadas con una creencia religiosa. Copérnico y Galileo Galilei defendían que la Tierra orbitaba alrededor del sol y no al revés como mantenía la Biblia y tuvieron que renunciar a sus investigaciones para no acabar en la hoguera. Isaac Newton también estuvo a punto de ser sentenciado como hereje por plantear un análisis científico sobre Dios. Continuar con cualquier de aquellas investigaciones en ese preciso momento histórico suponía compartir ese conocimiento secreto con un grupo de personas que se comprometieran a no revelarlo. La finalidad del secretismo era la supervivencia, el conocimiento no tendría nada de místico si no de científico y la finalidad no supondría ningún daño para el resto de la sociedad.

Muchas son las leyes o las prohibiciones que han cambiado a lo largo de los siglos y que en la actualidad nos parecen injustas pero en su momento condenaron a la clandestinidad a grupos de personas que ahora no serían consideradas peligrosas. Por el contrario, hay sociedades secretas cuya vocación es abiertamente criminal desde que fueron constituidas hasta hoy en día, como puede ser la Mafia, las Tríadas o el Ku Klux Klan. De todas formas, como se verá a lo largo de este libro, algunas de estas son el brazo criminal de las sociedades secretas. La Mafia, por ejemplo, está estrechamente ligada a los illuminati.

El Ku Klux Klan fue fundado a finales de 1865 por veteranos de la Guerra de Secesión americana y promueve principalmente la supremacía de la raza blanca y, por tanto, el racismo, la xenofobia y el antisemitismo, así como la homofobia, el anticatolicismo y el anticomunismo. Desde entonces, docenas de asociaciones han adoptado el nombre y sus creencias.

Poderes esotéricos

La otra razón por la que las sociedades optan por el secretismo es porque esconden un conocimiento superior que solo puede ser revelado a los iniciados que han estudiado lo suficiente para comprender su significado. Es lo que se llama conocimiento esotérico. Este se diferencia del habitual, el exotérico, que está al alcance de cualquiera. En cambio, el esoterismo solo es comprensible para los que adquieren un grado de instrucción que les permite comprenderlo y se relaciona con prácticas al margen de la ciencia: alquimia, quiromancia, magia, misticismo, geomancia, astrología… Todas ellas requieren un proceso de aprendizaje y según sus seguidores otorgan unos poderes.

¿Qué es lo que se pretende lograr con ello? Aquí hay hipótesis para todo tipo: desde la búsqueda de la inmortalidad o el bienestar de la humanidad hasta el control mental pasando por contactos con extraterrestres. Cada sociedad secreta espera formar a unos miembros que con esa sabiduría esotérica puedan alcanzar la meta que se han fijado.

EL ORIGEN DE LA PALABRA
ESOTERISMO

Este término proviene del griego *esotērikós* que significa "más adentro". Los pitagóricos fueron los primeros en utilizar esta palabra para dividir a sus alumnos: los exotéricos eran los que estudiaban las materias a las que cualquiera podía acceder y los esotéricos eran los que habían sido iniciados.

Lo que ahora se considera que queda al margen de la ciencia y que tiene que ver con la superchería fue en el pasado un conocimiento muy empleado. Por ejemplo, durante siglos la astronomía no se separó de la astrología y se estudiaban a la vez. Una rama de la alquimia fue la que acabo convertida en la química.

Generalizando se puede decir que creen en la existencia de un poder supremo espiritual y energético que orienta el destino de la civilización y al que se accede por una serie de rituales y disciplinas místicas. Antes de la irrupción de los illuminati estas prácticas esotéricas tenían finalidades místicas. Los masones, por ejemplo, buscaban la perfección de sus miembros a través de esas revelaciones. Su ejemplo trascendería a la humanidad que así disfrutaría de una era de paz. Esta orden tiene prohibido discutir en sus logias sobre política o economía, por considerarlos asuntos mundanos en los que no tienen que intervenir.

Muchas de las sociedades preillumnati movían sus influencias en un ámbito muy reducido: sus miembros se favorecían entre sí y se fijaban utópicos objetivos a largo plazo. Pero se volcaban en una serie de conductas más que en acciones concretas para lograrlos. Los secretos que escondían eran técnicas ocultistas que les conferían poder y por ello no debían ser reveladas para evita que el adepto pudiera hacer un mal uso. Y es cierto que algunas eran peligrosas, pero nunca llegaron a serlo tanto como los illuminati. El secreto que ellos guardaban y no podían revelar a los recién llegados a sus filas era mucho más aterrador.

Culto a Satán

Albert Pike.

Los illuminati también buscaban acceder a un "ser superior" o "poder espiritual" que les revelara el camino a seguir. Pero la diferencia es que este no era lo que muchos de los iniciados esperan cuando ingresan en la sociedad. Para ellos, el ente superior es Satán. Lucifer, etimológicamente, se traduce como "el que lleva la luz" y de ahí podrían haber tomado su nombre los iluminados.

Los escritos de Albert Pike, el responsable de los illuminati en Estados Unidos a finales del siglo XVIII, no dejan lugar a dudas. Tal y como recoge Robert Goodman en su libro *Claves secretas de la historia* el jefe illuminati escribió en *Las enseñanzas de la masonería*: "¡Lucifer, portador de la luz! ¡Un hombre extraño y misterioso para dar espíritu de la oscuridad! ¡Lucifer, hijo del mañana! ¿El que porta la luz? ¡No hay duda!".

Albert Pike ordena a los illuminati que este "secreto" no sea revelado hasta que los adeptos alcancen el máximo grado de conocimiento. "A vosotros, Instructores Soberanos del Grado 33, os decimos: Tenéis que repetir a los hermanos de grados inferiores que veneramos a un solo Dios, al que oramos sin superstición. Solo nosotros, los iniciados del Grado Supremo, debemos preservar pura la doctrina de Lucifer".

Gobiernos en la sombra y el testamento de Satanás

El concepto de gobierno en la sombra no es algo nuevo. Ya en la Grecia Clásica, antes de que Pericles instaurara la democracia, se creó la sinarquía. Esto es un grupo de sabios reconocidos que gobiernan al pueblo, avalados por sus conocimientos y sin haber sido elegidos. También en el mundo antiguo encontramos el término plutocracia. En Grecia se distinguían los plutos, que eran los que tenían riqueza, del resto de ciudadanos. La plutocracia ha sido una forma de gobierno recurrente a lo largo de la historia. Su coartada moral es que si el poder se centra en la prosperidad económica, todo el pueblo se beneficia.

El gobierno de la elite económica ha encontrado diferentes formas de imponerse sin necesidad de ocultarse. El político y filósofo británico del siglo XIX John Stuart Mill aconsejaba el voto cualitativo: que solo pasaran por las urnas los que tenían una formación universitaria; por tanto, acabarían haciéndolo únicamente los ricos. En muchos países, por ejemplo en el Reino Unido hasta 1828, solo podían votar los que tenían una renta concreta, es decir, las clases pudientes. En la actualidad, la táctica más habitual de la plutocracia para imponerse es la financiación de las campañas políticas que les permiten contar con gobernantes que favorecerán sus intereses económicos.

Los illuminati son una plutocracia que emplea estas tácticas, pero son mucho más. Lo que les hace aún más peligrosos es que tienen un plan a largo plazo. No se trata únicamente de enriquecerse y acumular poder, pues aspiran a la consecución de un objetivo final. Este objetivo aparece en *El nuevo testamento de Satanás*, un documento escrito por miembros de la logia tras una reunión que tuvo lugar en 1773. El texto, que propone una serie de medidas para manipular a la población, fomentar las guerras y provocar crisis, concluye así: "Todas estas medidas obligarán a los pueblos a entregar el control mundial a la sociedad de los illuminati. El nuevo gobierno mundial aparecerá como patrón y benefactor de las naciones que se someterán voluntariamente. Si un estado se opusiese, entonces sus vecinos le declararán la guerra. Si los estados vecinos quisieran aliarse, habrá que desencadenar una guerra mundial".

Pruebas de la existencia de los gobiernos en la sombra

En su discurso de despedida de la presidencia de Estados Unidos, Dwight "Ike" Eisenhower, en 1961, pronunció esta inquietante frase que se ha interpretado como el reconocimiento de la existencia de un poder al margen de la democracia: "Debemos cuidarnos de la adquisición de influencia injustificada, tanto solicitada como no solicitada, del complejo militar industrial".

Ese discurso activó las señales de alarma de un sector de la población estadounidense, que entendió mejor las palabras del presidente con los hechos que vendrían: la guerra de Vietnam, el magnicidio de JFK, el asesinato de Martin Luther King y Robert Kennedy...

Esta teoría de que un gobierno en la sombra mueve los hilos de la política fue recuperada en 2016 por alguien que podía aportar pruebas al respecto. Mike Lofgren trabajó durante

Lucifer, el ángel caído, dador de luz, posible inspiración para el nombre de los illuminati (iluminados).

28 años para el Congreso de Estados Unidos como especialista en seguridad nacional y en el libro *Deep State. The fall of the Constitution and the Rise of a Shadow Goverment* asegura que se trata de: "una asociación híbrida de elementos de gobierno, de las finanzas de alto nivel y de la industria que es capaz de gobernar de forma efectiva los Estados Unidos sin necesitar el consentimiento de los gobernados expresado a través de la política formal".

Como se verá en los siguientes capítulos, que recogen una extensa investigación, los illuminati cumplieron su amenaza y no desencadenaron una, sino dos guerras mundiales. Y están tramando la tercera. En más de tres siglos han orquestado los acontecimientos más conocidos y también más fatídicos de la historia. Han desbancado o han convertido en sus franquicias al resto de sociedades secretas. Ha llegado el momento de conocer de dónde vienen y adónde nos llevan.

Amore. e Fiducia nella sua amabili[...]

Dio vede tut[...]

Dio può tutto

Dio ci ama

C. Savini

Dal Salvardi in Bologna.

CAPÍTULO 2
AUGE Y PERSECUCIÓN DE LOS ILLUMINATI DE BAVIERA

Como se comentaba en el capítulo anterior, la mayoría de sociedades secretas no tienen un origen claro y suelen atribuirse un principio legendario que se remonta siglos atrás. Sin embargo, los illuminati se desmarcan de esta tendencia. Ellos sí saben cuándo se creó su sociedad secreta e incluso cómo. Y esos hechos han trascendido incluso para los que no están adscritos al grupo.

La historia oficial de los illuminati, desde su fundación hasta que fueron proscritos es pública y documentada, así como buena parte de las teorías que su fundador, Adam Weishaupt, recopiló en diferentes escritos. De todas formas, se ha demostrado que no todas sus ideas se hicieron públicas y que siempre hubo un "plan B" que no se reveló al gran público.

Claudio Soler

Una noche para cambiar el orden mundial

La ceremonia de fundación de esta sociedad tuvo lugar en un bosque a las afueras de Ingolstadt, en Baviera, al sur de Alemania, la noche del 30 de abril al 1 de mayo de 1796. La elección de la fecha es significativa pues se conmemora el día de santa Walburga, una misionera inglesa que convirtió al catolicismo a muchos alemanes en el siglo VIII. La beata fue la excusa para integrar en el cristianismo la noche de walpurgis, que era una festividad pagana en que las brujas volaban sobre sus escobas o a lomos de cualquier animal hacia las altas montañas donde se reunirían con su amo y señor, el mismísimo Satán, para celebrar un aquelarre orgiástico. Los celtas conmemoraban ese día la fiesta de Beltane encendiendo hogueras en honor al dios Belenos, el dios de la luz y el fuego (como Lucifer, que es el dios que porta la luz) para que despertara la fertilidad tanto en la tierra como en las mujeres. Ese día marcaba en sus calendarios el inicio de la primavera y el final de la "estación oscura".

El profesor universitario de derecho Adam Weishaupt (1748-1830) dominaba aquellas tradiciones y muchas más. Contaba con conocimientos esotéricos y había militado en una logia masónica que acabó por decepcionarle porque le pareció "una reunión social". Y su concepto de lo que debería ser una logia era mucho más ambicioso.

En la mágica noche de walpurgis, brujas y seres demoníacos
se reúnen con su amo y señor: Lucifer, el Maligno.

Weishaupt quería cambiar el orden social porque había quedado obsoleto. En el pasado, la religión y la creencia en Dios habían sido suficientes para guiar a la civilización. Lo mismo había ocurrido con la monarquía absolutista: los reyes conducían al pueblo que les obedecía ciegamente. Esta estructura funcionó, según el profesor de derecho, hasta que el materialismo y el anhelo por mejorar la situación económica caló en la sociedad. Ni Dios ni los monarcas contaban ya con el empuje necesario para hacer evolucionar a la raza humana a una nueva fase y por tanto se tenía que encontrar un orden nuevo que sustituyera al anterior. Este es el resumen de una de las ideas más importantes que compartía Weishaupt con cinco alumnos suyos que aquella noche se convirtieron en los primeros illuminati.

El anticlericalismo que apuntaban algunos filósofos franceses que Weishaupt había leído en su juventud era un concepto peligroso en aquella época. El monopolio de la Iglesia era incuestionable e intentar discutir cualquiera de sus decisiones tenía consecuencias muy desagradables. Y la monarquía absolutista era un engranaje de poder dispuesto a aplastar a los disidentes o los que pudieran hacerle la competencia.

Contra la Iglesia y la Monarquía

Weishaupt pese a tener una formación jesuita (se cree que estuvo a punto de ingresar en esta orden) era anticlerical y antimonárquico, pues eran las dos estructuras de poder que impedían imponer un Nuevo Orden Mundial. Simpatizaba con el anticlericalismo de los filósofos franceses que había leído en su juventud y quería llevarlo más lejos. Pero eso era algo que no podía decir en público. El monopolio de la Iglesia era incuestionable e intentar discutir cualquiera de sus decisiones tenía consecuencias muy desagradables. Y la monarquía absolutista era un engranaje de poder dispuesto a aplastar a los disidentes o los que pretendieran acumular suficiente poder para hacerles la competencia.

Tres años antes de aquella noche en el bosque de Ingolstadt, Weishaupt había vivido muy de cerca un ejemplo de lo que ocurría cuando se atacaba al poder papal o al monárquico. Por entonces, la Compañía de Jesús era muy poderosa y varios reyes europeos le pidieron al Papa la disolución de la misma. El papa Clemente XIV decretó el desmantelamiento de los jesuitas y la conversión de sus miembros al clero secular, el que no está regido por ninguna orden. Los jesuitas ni siquiera habían desafiado ni a monarcas ni al mandato papal, pero su gran influencia había suscitado recelos en estas dos autoridades que se habían sentido amenazadas. Weishaupt tomó nota de la lección: si se atacaba a estos dos poderes, debía hacerse en secreto.

Los primeros Illuminati

Aquella noche Weishaupt y sus cinco discípulos, siguiendo los rituales germanos y celtas, se adentraron en la espesura del bosque, rompiendo la oscuridad con sus antorchas, que después unieron para crear una hoguera, como hacían sus antepasados paganos. Ceremonialmente procedieron a llevar a cabo el primer juramento en el que se comprometían a cumplir con el objetivo de la recién inaugurada orden. En ese momento la bautizaron como Bund der Perfektibilisten (Unión de Perfectibilidad). El término Perfectibilidad provenía de los masones, pues el camino hacia la perfección es el objetivo de sus miembros. El búho de Minerva, la diosa de la sabiduría, fue el símbolo escogido para la nueva asociación.

Posteriormente, los alumnos reclutaron una treintena de miembros entre sus compañeros de estudio y se reunían con Weishaupt para hablar de filosofía y para acceder a lecturas prohibidas que el profesor les proporcionaba. Instauraron la costumbre de reunirse en secreto y de utilizar pseudónimos de etimología clásica para relacionarse. Casualmente, Weishaupt se convirtió en Espartaco: el esclavo tracio que se rebeló contra Roma.

La cúpula académica de la universidad no veía con buenos ojos a aquella asociación que fascinaba a los alumnos y en la que se comentaban textos anticlericales que el resto del profesorado había censurado. Ello, unido a la gran expansión de la asociación, provocó que en 1778 se plantearan convertirse en una orden secreta. Varios fueron los nombres que se barajaron y estuvo a punto de imponerse el de la Orden de la Abeja, como una metáfora de lo que hacían: seguir las órdenes de la abeja reina para recopilar el néctar de la sabiduría. Pero finalmente se decantaron por Orden de los Iluminados de Baviera.

"Pocos, pero bien situados"

La organización aseguraba que su finalidad era conducir a la humanidad hacia una sociedad utópica por métodos que muchas veces se contradicen: en ocasiones exhorta a sus adeptos a la acción y en otros momentos a la quietud de la contemplación. Lo que queda claro desde sus orígenes es que defiende el anticlericalismo y el fin de la monarquía. Esas dos ideas eran las más peligrosas y perseguidas que se podían exponer en el momento. El movimiento era terriblemente revolucionario para la época y, de hecho, muchas de sus premisas fueron inoculadas en el socialismo. En los siguientes capítulos podremos ver la relación de este movimiento con los illuminati.

Los alumnos de Weishaupt eran los encargados de captar nuevos socios, pero el maestro les impuso una regla: tenían que ser personas que ostentaran una posición influyente, ya fuera social o económicamente. Nadie podía acceder a la sociedad simplemente porque lo desease y había de ser admitido por un tribunal de la misma. El sueño de Weishaupt no era dirigir una entidad multitudinaria, si no una que fuera poderosa, con adeptos con capacidad para tomar decisiones que cambiaran el mundo. La máxima que le repetía a los alumnos era: "pocos, pero bien situados".

Bajo esta premisa y en apenas un par de años, los illuminati reclutaron a la flor y nata de la sociedad de aquel momento. El fichaje del banquero Meyer Amschel Rothschild, considerado el hombre más rico del planeta, garantizó la financiación del grupo. Otro miembro relevante, que además colaborará con Weishaupt codo con codo en la planificación de los objetivos, es el barón de Hannover Adolph Franz Friedrich Ludwig von Knigge, que era masón e introdujo al profesor universitario en influyentes logias masónicas. El barón atrajo a poderosos como el príncipe Ferdinand de Brunswick; el duque de Sajonia-Weimar, Carlos Augusto de Sajonia-Weimar-Eisenach; el de

El autor alemán de la obra inmortal Fausto, *Johann Wolfgang von Goethe (1749-1832), fue uno de los primeros y más célebres integrantes de la orden de los illuminati.*

necesaria la presencia de los gobiernos. Describían este movimiento como un avance lento, fruto de muchos factores que llegaría en un futuro lejano, pasados algunos siglos. En cambio, Weishaupt pisaba el acelerador y decía que se podía alcanzar aquella sociedad utópica tal vez en el curso de una generación.

Lo que callaba es que él, a diferencia de los masones, no renunciaba a emplear métodos revolucionarios y algunas disciplinas esotéricas. Esa información se la ocultaba a los recién llegados, pero la compartía con los illuminati que tenían contactos con la masonería. Porque el plan de Weishaupt era infiltrar al mayor número de los suyos en las logias masónicas para poderlas controlar. Y ese plan sigue ejecutándose a día de hoy.

Romance y divorcio masónico

Los masones y los illuminati compartieron una breve pero intensa luna de miel en la que colaboraron estrechamente y compartieron discípulos. Los masones adoptaron algunas reglas illuminati. Estos últimos empleaban un pseudónimo de raíz clásica tanto para ellos como para la logia a la que pertenecían. Los masones adoptaron también esta costumbre. Weishaupt estaba por entonces muy bien considerado por la masonería y quiso aprovechar aquella posición de fuerza.

En 1782 las logias de masones y de illuminati europeas se reunieron en el convento de Wilhelmsbad, en Alemania. El representante de estos últimos era Adolph Freiherr Knigge, el escritor y político que había atraído a buena parte de los influyentes nobles que militaban en los illuminati. Este había ayudado al fundador a crear una estructura y preparó concienzudamente el encuentro con las órdenes masónicas.

Knigge sabía que el pensamiento anticlerical y antimonárquico acérrimo de Weishaupt supondría un escollo para lograr el apoyo de algunas logias cristianas y de otras auspiciadas por nobles. Ambos mantuvieron algunas discusiones al respecto que no sirvieron para cambiar la posición del fundador.

Pero la divergencia entre ambos era mayor de lo que se decía. Knigge quería que los illuminati fueran reconocidos como una logia masónica. Pero Weishaupt pretendía que su sociedad secreta acabara dominando las logias masónicas y se erigiera como su máxima autoridad. La masonería en aquel momento estaba dividida en posiciones enfrentadas y querían aprovechar esta ventaja táctica para hacerse con el control. Pero Weishaupt no logró sus objetivos. Tampoco se puede decir que fracasara estrepitosamente. Topó con la oposición de la Gran Logia de Inglaterra, de filosofía religiosa y conservadora, que acabó convirtiéndose en enemiga declarada de los de Baviera.

Sin llegar a un enfrentamiento tan encarnizado, tampoco lograron el apoyo de la logia de Gran Oriente de Francia ni el de los teósofos suecos. Sin embargo, el resto de logias apoyaron a los illuminati y recibieron con entusiasmo sus propuestas, que suponían una bocanada de aire fresco para la masonería.

El enfrentamiento con la Gran Logia de Inglaterra se enconó y Weishaupt les dedicó airadas diatribas en las que dudaba de la autenticidad de aquella logia fundada por pastores protestantes. "Ellos consiguen seguidores no por su autenticidad, sino porque les conducen hacia el fin que ellos proponen y por la importancia de tal fin. Ellos son rechazados por los buenos masones, ya que son incompatibles con la felicidad social", llegó a escribir.

Weishaupt, tras no lograr la hegemonía de todas sociedades masónicas, siguió infiltrando a sus miembros en las logias con la intención de que acabaran siendo sus títeres. Esta estrategia sigue vigente, pues tras las acciones que se les atribuyen a los masones suele haber una mano illuminati.

Luchas intestinas

El plan de manipular a la masonería no acababa de convencer al barón Von Knigge, que seguía siendo un convencido masón. Y cuando descubrió el objetivo final de la sociedad que él mismo había ayudado a consolidar, se escandalizó y acabó dimitiendo en 1784. Dejó una advertencia en un escrito en el que justificaba su marcha: "Una orden que abusa y tiraniza a las personas de esta manera (...) llevaría a los pobres a un yugo más duro que los jesuitas".

Los nobles que se habían apuntado al movimiento por su relación con el barón siguieron sus pasos. Pero hubo uno que fue más lejos. Joseph Utzschneider, tras abandonar la Orden, envió una carta denunciando a sus antiguos compañeros a la gran duquesa de Baviera. Además de revelar su filosofía antimonárquica y anticlerical, añadió algunos hechos que no han sido probados, como que habían asesinado a funcionarios para ocupar sus puestos y que estaban apoyando a Austria, que en aquellos momentos pretendía anexionarse Baviera.

ADAM WEISHAUPT,
REVOLUCIONARIO Y PROFESOR

Nadie esperaba que un profesor universitario bávaro de buena familia acabaría convirtiéndose en un revolucionario. Adam Weishaupt (1748-1830) nació en el seno de una familia de judíos convertidos al catolicismo. Su padre era profesor, pero falleció cuando el pequeño Adam tenía cinco años, por lo que fue criado por su abuelo, director de un colegio jesuita en el que ingresó a los siete años. Destacó en los estudios y en esa época devoró la biblioteca de su abuelo plagada de filósofos ilustrados franceses. En 1768 se doctoró en derecho y en 1772 empezó a trabajar como profesor en la universidad y empezó a impartir clases de derecho canónico. Habitualmente, los docentes eran jesuitas, pero el papa Clemente XIV había disuelto esa orden. En 1973 se casó con Afra Sausenhofer (1750-1846), con la que tuvo dos hijas y cuatro hijos.

Entre 1773 y 1775 viajó a Francia y ahí conoció a La Fayette y a Maximillien de Robespierre, dos figuras claves en la futura Revolución Francesa (1789-1799). También contactó con un místico danés llamado Kolmer, que había vivido en Egipto y que le inició en los misterios de los sabios de Menfis. Weishaupt fue elaborando su filosofía política que abogaba por acabar con la influencia de las monarquías y de la religión y crear un gobierno universal dominado por el materialismo. Para ello fundó los illuminati de Baviera en 1776. Tras la persecución de la organización ocho años después, el maestro de los illuminati fue despedido de su cátedra y desterrado, pero encontró refugio en la corte de uno de sus adeptos, el Duque de Sajonia-Coburgo-Gotha. Nunca se le permitió regresar a Baviera y murió en 1830, con 82 años, y en el lecho de muerte renegó de la religión católica.

Como curiosidad cabe destacar su nombre: Adam (Adán) es el primer hombre. "Weis" proviene del alemán y significa "saber", y "haupt" se podría traducir como "líder" o "capitán".

Adam Weishaupt.
geb. d. 6. Febr. 1748.

Advertido por su esposa, el duque electo de Baviera, Karl Teodoro Dalberg, promulgó un edicto en 1784 en el que identificaba a los illuminati como una rama de la masonería y ordenaba el cierre de todas las logias de una y otra orden. En ese momento los iluminados pensaron que se trataba de una prohibición temporal destinada a acallar a la opinión pública y que pronto podrían reanudar su actividad. Pero no podían estar más equivocados: no solo no se levantó la prohibición sino que se recrudeció.

Espoleado por el papa Pío VI, que declaró que pertenecer a los illuminati o a los masones era incompatible con la religión católica, el duque de Baviera ordenó la persecución y destierros de los adeptos. Weishaupt fue despedido de la universidad en la que trabajaba como profesor y desterrado, pero fue acogido por uno de sus primeros seguidores, el duque Ernesto II de Sajonia-Gotha-Altemburgo, que le ofreció un puesto de consejero y le encargó la educación de su hijo. Residió en Gotha hasta su muerte en 1830 y allí escribió diferentes libros en defensa de los illuminati. Pero en ninguno revelaba los auténticos fines de los illuminati, que fueron revelados por una serie de casualidades y que sirvieron para que el mundo conociera sus auténticos planes, como se verá en el siguiente capítulo.

ADOLPH FRANZ FRIEDRICH LUDWIG VON KNIGGE:
BUENAS MANERAS Y BUENOS RITOS

El barón von Knigge (1756-1796) captó a destacados nobles para la causa illuminati y fue el encargado de establecer los rituales de esta sociedad secreta. No solo le avalaba su experiencia como masón, sino su trayectoria como escritor. Era el autor de un libro muy famoso en la época, *De cómo tratar con las personas*, que era una guía de buenas maneras que tuvo gran repercusión. Tanta, que en alemán se emplea su apellido (Knigge) como sinónimo de "buenos modales". Al final de su vida y tras abandonar los illuminati, el barón renegó de las sociedades secretas a las que calificó de ser una moda estúpida.

CAPÍTULO 3

LA CONSPIRACIÓN PARA IMPONER EL NUEVO ORDEN MUNDIAL

Desde su constitución, los illuminati dejaron claro que su finalidad era la construcción de un Nuevo Orden Mundial que sustituiría al viejo orden y que construiría una sociedad más justa. ¿Quién podría no sentirse seducido por esta idea?

Según señala Paul H. Koch en su libro *Illuminati*, el propio Weishaupt escribió: "¿Cuál es en resumen nuestra finalidad? ¡La felicidad de la raza humana! Cuando vemos cómo los mezquinos, que son poderosos, luchan contra los buenos, que son débiles... cuando pensamos lo inútil que resulta combatir en solitario contra la fuerte corriente del vicio... acude a nosotros la más elemental de las ideas: debemos trabajar y luchar todos juntos, estrechamente unidos, para que de este modo la fuerza esté del lado de los buenos. Pues, una vez unidos, ya nunca volverán a ser débiles".

Weishaupt dosificaba su anticlericalismo para que no pareciera tan vehemente. Así, por ejemplo, resumió que el objetivo de su asociación era "liberar gradualmente de todos los prejuicios religiosos a los cristianos de todas las confesiones y cultivar y reanimar las virtudes de la sociedad con vistas a lograr la felicidad universal, completa y rápidamente realizable", según recoge la revista *National Geographic* en su artículo *La conspiración de los Iluminados de Baviera*.

Sin embargo, pronto se descubrió que esas intenciones eran una fachada bajo la cual se encontraban unas metas mucho más oscuras.

El descubrimiento de unos comprometedores papeles

La historia de cómo se revelaron los auténticos objetivos illuminati presenta ciertas lagunas. Se cuenta que un tal abad Lanz fue alcanzado por un rayo en 1785 mientras galopaba para entregar unos documentos de la orden y murió en el acto. Los que encontraron su cadáver hallaron entre sus ropas papeles en los que se planeaban complots para acabar con todas las monarquías europeas, siendo la primera la francesa. Estos papeles parecen pertenecer a *El nuevo testamento de Satanás*, un documento que fue escrito por la sociedad en 1773.

Sin embargo, tal y como destaca Robert Goodman en el libro *Claves secretas de la Historia. Sociedades secretas de ayer y hoy que han influido en el destino de la humanidad*, esta información es fruto de un error. Es cierto que Weishaupt tenía un amigo sacerdote que murió accidentalmente en una tormenta y que se llamaba Johan Jacob Lanz, pero nunca perteneció a los illuminati. Al clérigo se le atribuye la personalidad de otro illuminati llamado Franz Georg Lang, que fue consejero en la corte y amigo de Weishaupt y de otro importante miembro de la orden, Franz Xavier von Zwack, que ocupó puestos de gran responsabilidad en el gobierno.

Los hechos probados son que tras un registro en el domicilio de Zwack se encontraron una serie de documentos incriminatorios: una defensa del suicidio y del ateísmo, el proyecto para crear una rama femenina de la sociedad, los planes de una máquina para guardar archivos que podía también destruirlos en caso de emergencia, fórmulas tóxicas y el recibo de un aborto. Este último podría pertenecer a Weishaupt, que mantenía una relación secreta con su cuñada que pudo quedarse embarazada.

EL NUEVO TESTAMENTO DE
SATANÁS

Los documentos que demostraron las intenciones de los illuminati y que fueron publicados por el gobierno de Baviera podrían pertenecer a *El nuevo testamento de Satanás*, que como se reveló en el primer capítulo es la prueba básica de que rinden culto a Satán.

Supuestamente este texto fue redactado en una reunión que convocó el banquero y mecenas de los illuminati Meyer Amschel Rothschild en 1773 y a la que asistieron los miembros más poderosos de la sociedad secreta. Algunos estudiosos especulan que esos escritos (o al menos una parte de ellos) posteriormente se convirtieron en los polémicos *Los protocolos de Sión*. Este libro, falsamente atribuido a unos sabios judíos y masónicos, habla de los planes semitas para desestabilizar el mundo. Actualmente se considera *Los protocolos* como propaganda antisemita que pretendía acusar a los judíos de urdir planes contra la humanidad y así poder justificar su persecución. Se publicó en 1902 en la Rusia de los Zares, y su finalidad era justificar los pogromos que infringían a los judíos. Aldof Hitler los empleó posteriormente para unir a los alemanes contra el judaísmo. Esta versión tampoco se contradice con los intereses illuminati, que como se verá más adelante promovieron tanto el sionismo como el antisemitismo.

El principal difusor de este panfleto antisemita fue el magnate automovilístico Herny Ford, que alertó del "peligro judío" y financió el libro *El judío internacional* en el que citaba *Los protocolos* para argumentar esa peligrosidad y ofrecía algunas investigaciones antisemitas en cuatro volúmenes que fueron traducidos a 16 idiomas y gozaron de gran popularidad.

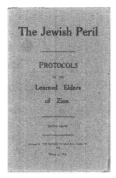

The Jewish Peril

PROTOCOLS
of the
Learned Elders
of Zion.

Esta documentación fue publicada por el gobierno bávaro bajo el título *Algunos escritos originales de la orden de los iluminados, encontrados en casa del que era el consejero de gobierno Zwack durante el registro domiciliario llevado a cabo en Landshut el 11 y el 12 de octubre de 1786*. Parte de estos documentos aparecían descontextualizados, pero un análisis exhaustivo de estos y otros textos sirvió para, siglos después, poder puntualizar sus objetivos.

Seis pasos para dominar el mundo

La historiadora británica Nesta Webster publicó en 1921 *La Revolución Mundial*, en el que tras un exhaustivo estudio sobre los illuminati sacó a la luz pruebas sobre su vinculación con las principales revoluciones y guerras del último siglo. Analizó también la documentación de esta sociedad secreta hasta llegar a la conclusión de que Weishaupt tenía un plan de seis pasos para instaurar el Nuevo Orden Mundial. Los pasos que sintetiza y que después fueron avalados por otros historiadores como John Robison o Augustin Barruel son los siguientes:

1. Aniquilación de la monarquía y de todo gobierno organizado según el Antiguo Régimen

Esto encajaba con el pensamiento ilustrado, que aspiraba a reformar la institución. Pero los illuminati pretendían hacerlo de forma literal: no hablaban de la institución si no de sus miembros. Cómo se verá más adelante, la decisión de ejecutar a Luis XVI y a María Antonieta durante la Revolución Francesa parece que fue tomada por los illuminati. Y este era el destino que planeaban para el resto de monarcas europeos, previa revolución armada. También se vincula a esta sociedad secreta con los asesinatos del Zar de Rusia y su familia.

2. Abolición de la propiedad privada para individuos y sociedades

Esta idea "protocomunista" pretendía que una elite illuminati gestionara los bienes. Si el ideal de sociedad que proponían estaba basado en el materialismo, debían acabar con la posibilidad de que los que no pertenecieran a su sociedad y poseyeran riquezas pudieran competir contra ellos. Como se verá más adelante, los illuminati influyeron en el ideario de Marx y Engels y estuvieron vinculados a la Revolución Bolchevique.

3. Supresión de los derechos de herencia en todos los casos

La pertenencia a un estamento social influyente por nacimiento perpetúa el poder en manos de un grupo concreto. Los illuminati aspiran a que el grupo esté únicamente compuesto por los hermanos de la Orden, por lo que no querían que ninguna otra elite pudiera hacerse con el control del bien más preciado, el que permitía acceder al poder: el capital. Y tampoco pudiera tener influencias por su nacimiento. De esta forma, neutralizaban en poder de la nobleza y de las clases altas para concedérselo a ellos. Además, incentivaban la producción de capital, pues las herencias suponen un dinero que pasa de unas manos a otras y que no genera operaciones financieras que reduzcan la suma.

4. Destrucción del concepto de patriotismo y sustitución por un gobierno mundial

El concepto de internacionalismo que inocularon al movimiento socialista era realmente innovador en Europa que arrastraba siglos de guerras por la conquista de territorios que se anexionaban a un estado o a otro. Las banderas debían ser sustituidas por el flujo de capital sin fronteras. El orgullo de pertenencia a la tierra o el gregarismo entre los habitantes de una misma nación eran ideales que apartaban a los ciudadanos del objetivo illuminati: la producción de dinero que ellos administrarían. En este sentido Weishaupt fue un visionario que sentó las bases de la globalización. Y no es de extrañar que la sociedad secreta que fundó le haya sacado tanto provecho.

5. Desprestigio y eliminación del concepto de familia clásica

Los illuminati argumentaban que los ciudadanos debían de liberarse de cualquier yugo tradicional. Esa era la mejor forma de someterlos al suyo dándoles la impresión de que habían logrado la independencia personal. Por ello, otra de las instituciones a abolir era el parentesco y proponían la eliminación de la familia clásica. Casi todas las propuestas que "liberan" a los ciudadanos de las cargas clásicas en verdad los aíslan de sus ideales y grupos de apoyo, lo que hace que sean más proclives a la manipulación. Además, se ha de tener en cuenta que las sociedades secretas desde sus inicios replantean el concepto de familia. Son grandes hermandades que deben fidelidad a sus compañeros con los que comparten un secreto que no pueden revelar ni a los más allegados. Muchas de estas sociedades secretas consideran que los hermanos de la logia deberían estar por encima de la familia.

6. Prohibición de cualquier tipo de religión tradicional

Esta medida tiene una doble utilidad. Se anula cualquier competencia ideológica y se acaba con estructuras de poder jerarquizadas. Por otra parte, se abre la puerta a prácticas esotéricas y místicas que estarían prohibidas por los credos tradicionales.

La hoja de ruta

Adam Weishaupt tenía claro que el sistema solo se podía dinamitar desde dentro del propio sistema. Por ello, como se ha comendado en capítulos anteriores, insistía a los adeptos encargados de captar nuevos miembros, en que fueran "pocos, pero bien situados". También había decidido que la primera fase de su plan debía desarrollarse en el mundo occidental. Consideraba que los países de Oriente serían más fáciles de manipular, porque no estaban sometidos al cristianismo y tenían más contacto con algunas disciplinas místicas y esotéricas.

Por lo tanto, su objetivo primero era acabar con las estructuras y la cultura europea y estadounidense. Cuando los illuminati fueron perseguidos, hubo una diáspora que llevó a muchos a Estados Unidos, mientras otros se ocultaron en países europeos más tolerantes donde no fueron perseguidos o al amparo de ducados cuyos gobernantes pertenecían a la asociación.

Los illuminati, siempre escogidos entre familias pudientes o con puestos cercanos al poder, debían medrar con ayuda de otros miembros para situarse en cargos de responsabilidad que les permitieran tomar decisiones que les acercarían a la consecución de sus objetivos.

Paul H. Koch recoge un escrito de Weishaupt que no deja lugar a dudas sobre sus intenciones. "Se trata de infiltrar a nuestros iniciados en la Administración del Estado bajo la cobertura del secreto, al objeto de que llegue el día en que, aunque las apariencias sean las mismas, las cosas sean diferentes. (…) Establecer un régimen de dominación universal, una forma de gobierno que se extienda por todo el planeta. Para ello es preciso reunir una legión de hombres infatigables en torno a las potencias de la tierra, para que extiendan por todas partes su labor, siguiendo el plan de la orden".

Estrategia Illuminati

Las metas que perseguía esta sociedad secreta resultaban escandalosas en su momento. La posibilidad de establecer una república en vez de una monarquía era ya de por sí revolucionaria. Sin embargo, hoy en día muchas de estas ideas se han aplicado y nadie se escandaliza por ellas.

Lo que sí aún escandaliza es la forma de conseguirlo. La estrategia era la guerra, la revolución, la crisis, la destrucción. Los illuminati con el tiempo llegaron a la conclusión que la única manera de lograr dominar el mundo era fomentando el conflicto. De esta forma, se lucraban en el negocio de la guerra: vendiendo armas y consiguiendo cuantiosas sumas para encargarse de la reconstrucción. Pero más allá de la ganancia inmediata estaba la facilidad con la que podían manipular. Los ciudadanos sometidos al terror de una guerra eran un rebaño manso mucho más fácil de guiar.

Como se verá a lo largo de este libro, los illuminati nunca han promovido guerras porque pretendieran que ganara una u otra ideología. El enfrentamiento ha sido una forma de desestabilizar gobiernos, de sembrar la amenaza constante para ganar poder. Siempre han decidido quién ganaría y quién perdería en un enfrentamiento bélico, pero nunca lo han hecho porque fuera justo, sino porque ese movimiento histórico a la larga les favorecería.

Los objetivos y la metodología de los illuminati se han mantenido intactos durante tres siglos, en los que han avanzado imparables hacia la constitución de ese Nuevo Orden Mundial que les permitirá controlar el destino de la civilización. Y están más cerca que nunca de lograrlo.

10 FRASES DE LOS PROTOCOLOS DE SIÓN

En este panfleto antisemita se acusaba a los judíos de querer someter el mundo. Pero, curiosamente, la forma en la que lo iban a llevar a cabo es muy similar a las tácticas illuminati. Las siguientes 10 frases pertenecen a este libro, pero resumen la filosofía de la sociedad secreta.

"La política no tiene que ver con la moral (...) El que quiera reinar debe utilizar la astucia y la hipocresía".

"Toda la maquinaria de gobierno depende de un motor que está en nuestras manos y es el oro".

"Se ha de idiotizar y corromper a la juventud (...) Distraer a las masas con diversiones, juegos, pasatiempos, pasiones".

"Se han de causar enfermedades con la inoculación de bacilos".

"La idea de la libertad no puede realizarse porque nadie sabe hacer de ella el uso adecuado".

"Los miembros de la plebe que han salido del pueblo, por más dotados que están, al no comprender la alta política no pueden guiar a la masa sin despeñar a toda la nación en la ruina".

"Solamente una personalidad educada desde la juventud para la autocracia puede entender las palabras que forman el alfabeto político".

"Sin despotismo absoluto no hay civilización; esta no es obra de las masas sino de quien las guía".

"Sobre las ruinas de la aristocracia natural y hereditaria, hemos alzado nuestra aristocracia de la inteligencia y del dinero".

"Las crisis económicas paralizarán la industria. Crearemos métodos subterráneos con la ayuda del oro, que está en nuestras manos, para conseguir una crisis económica universal que lanzaremos simultáneamente a las chusmas de obreros a las calles en todos los países de Europa".

CAPÍTULO 4
ORGANIZACIÓN Y JERARQUÍA

Cuando los illuminati crecieron y captaron a miembros más influyentes, muchos de ellos adscritos a la masonería, se impuso la necesidad de crear una liturgia y una jerarquía que le confiriera el estatus de sociedad secreta. Si los illuminati querían atraer a influyentes masones de alto rango, debían ofrecerles un ceremonial digno de sus costumbres.

Una condición para atraer a los nuevos miembros era enmascarar el anticlericalismo radical, que impediría captar tanto a los católicos como a los protestantes y por tanto frenaría la expansión por toda Alemania. Según el estudioso de las sociedades secretas René le Forestier, que en 1914 publicó la tesis doctoral *Les Illuminés de Bavière et la franc-maçonnerie allemande*, la estrategia se basó en una mentira: "El respeto que la Orden manifestaba al cristianismo en algunos de sus grados era únicamente un engaño para despejar las sospechas de quien aún tenía fe y conducirlo con mayor suavidad a abandonarla".

*Las ceremonias dentro de las diversas ramas de la masonería
se diseñaban para atraer a los nuevos miembros a través de
un aura de misticismo y transcendencia a algo superior.*

Se ha de tener en cuenta que una de las características que distingue a los illuminati y los separa de los masones y de los rosacrucianos es que poseían un programa político. Discutir de política o religión estaba, y sigue estando, mal visto en el resto de sociedades secretas y que los illuminati lo permitieran suponía un aliciente para aquellos miembros que imbuidos por la filosofía ilustrada buscaban una sociedad con unos objetivos que promovieran un cambio social.

En plena Ilustración, el debate de las ideas políticas y filosóficas era una de las prioridades de los intelectuales. En cualquier reunión se comentaban los últimos libros, muchas veces prohibidos, de filósofos como Rousseau, Montesquieu y Voltaire. Sin embargo, en las logias clásicas, no se podían tratar esos temas que tanto interés suscitaban. La posibilidad de poderlo hacer en los illuminati y de además participar en un plan para poder cambiar el rumbo de la historia resultó sumamente atractivo y provocó muchas nuevas adhesiones.

Estructura secreta

Las sociedades secretas se organizan en lo que se llama círculos concéntricos o capas de cebolla. Los recién llegados pertenecían a los círculos externos y cuando adquirían los conocimientos necesarios para el siguiente grado, pasaban a un círculo o a una capa más interno. Además de ser un método de establecer una jerarquía y una forma de evolucionar, esta técnica se utilizaba por cuestiones de seguridad. Si uno de los círculos era descubierto por las autoridades, no podía poner en peligro al resto, pues carecía de información sobre ellos. Esta estrategia se emplea en la actualidad en empresas y también en organizaciones gubernamentales para proteger a sus líderes. Cuantos más círculos haya, menos vulnerable será la persona o la información que deba protegerse.

El último círculo concéntrico recibía el nombre de aerepago, que equivalía a la cúpula directiva que en un principio ostentaban Weishaupt y Knigge, aunque posteriormente este último abandonó la sociedad. El aerepago era una estructura que también se hallaba en algunas logias masónicas y garantizaba el control de la sociedad. El nombre proviene de la antigua Grecia donde este órgano era el tribunal que controlaba a los jueces, interpretaba las leyes y juzgaba a los ciudadanos.

Nombres clave

Otra de las medidas de seguridad que se adoptó y que después copiaron las logias masónicas era, como ya se comentó en capítulos anteriores, que cada miembro tenía un nombre de guerra o pseudónimo que ocultaba su identidad. La norma es que debía ser de etimología clásica, porque así se evitaban los nombres cristianos. Esta táctica se conoció como mistificación.

Además de salvaguardar la identidad de los miembros, servía para no marcar diferencias por la clase social a la que pertenecían. Dentro de la sociedad, lo importante no era ni las riquezas que poseyeran, ni los títulos nobiliarios de los que hicieran gala ni los puestos de responsabilidad que ocuparan: solo importaba el grado que habían alcanzado.

Los nombres elegidos por los miembros solían tener un contenido metafórico. Como ya se comentó, Weishaupt era Espartaco, porque se sentía como el esclavo rebelde que desafió al Imperio

Romano. Knigge escogió el de Filón de Alejandría, un innovador filósofo judío; el escritor Johann Wolfgang von Goethe se decantó por Abaris, un mago escita; Franz Xaver von Zwack se hacía llamar Catón, por el político romano; y el filósofo Johann Gottfried Herder se dio a conocer como Damasus, por el soldado troyano.

También empleaban claves para referirse a las fechas, empleando la terminología del calendario persa. Los nombres de las ciudades fueron sustituidos por otros de origen griego: Munich era Ateneas, al Tirol lo llamaban Peloponeso y a Frankfurt, Endessa. Esta fue una aportación que copiaron el resto de logias masónicas.

Jerarquía en tres grados

Se ideó una estructura que incluía trece grados de iniciación que se agrupaban en tres grandes grupos. Los recién llegados entraban en "la guardería", en la que tendrían que superar los grados de novicio, minerval e iluminado inferior. En estos grados se les revelaba la esencia y el funcionamiento de la sociedad secreta. Una vez alcanzados, pasaban al siguiente nivel, que era la "clase masónica" que incluía los grados de peón, oficial, maestro, iluminado mayor e iluminado regente. Por último, se accedía a la clase mistérica con los grados de sacerdote, regent, magnus y rex (gobernante). Los rituales para este último grupo apenas se detallaron y duraron poco tiempo dentro de la organización.

Como en todas las sociedades secretas, la organización de los miembros va de arriba abajo: de más poder, influencia y conocimientos, a menos.

Cuando se superaba la primera fase de la iniciación se alcanzaba el estatus de iluminado inferior y se debía jurar de nuevo su obediencia ciega hacia los superiores. Entonces se le daba la primera revelación: la finalidad de la Orden era unir a la humanidad bajo la tutela de los iniciados.

Una vez concluidos los grados, el adepto lograba ser un iluminado regente y debía jurar combatir la superstición y el despotismo. Asimismo, debía comprometerse a centrar su vida en la búsqueda de la virtud, la sabiduría y la libertad.

Al llegar al grado de sacerdote ya accedía a los verdaderos objetivos de la sociedad secreta: erradicar la religión y la monarquía y hacerse con el poder y el gobierno del mundo. Y cuando alcanzaba la condición de rex o gobernante se le hacía partícipe del plan para que los hombres fueran libres y no necesitaran someterse a ningún gobierno. Debían de pronunciar el juramento: "Cada hombre es su rey, cada hombre es soberano de sí mismo".

Férrea disciplina

Los illuminati se presentaban a sus miembros como una organización que promovía una concepción libertaria del mundo y que esperaba que la evolución humana acabara con la necesidad de la existencia de los gobiernos. Sin embargo, aplicaba una férrea disciplina a sus adeptos. Paradójicamente era parecida a la de los jesuitas que sirvieron de inspiración para concebir un orden jerárquico bastante asfixiante. Los jesuitas practicaban la vigilancia de sus miembros, que fue un método que hasta día de hoy emplea la sociedad secreta.

Los recién llegados debían permanecer en silencio, obedecer a los superiores y leer y hacer trabajos sobre una amplia bibliografía que se les proporcionaba. Si los resultados no eran los esperados, recibían duras cartas de reproche y tenían que repetir sus trabajos o hacer penitencia. Tampoco se les revelaba el objetivo de la sociedad, únicamente los reglamentos que tenían que seguir al pie de la letra. La dureza de las normas provocó que muchos intelectuales se apartaran.

Según su fundador, un diez por ciento de los adeptos pertenecían al funcionariado, lo que le permitía tener infiltrados a un buen número de illuminati que podían ayudarles a llevar sus objetivos a la práctica. Aquí existen diferentes versiones, pues algunos estudiosos del tema aseguran que la mayoría de miembros eran nobles o estudiantes de gran nivel intelectual, mientras otros aseguran que eran comerciantes y estudiantes que se apuntaban a la sociedad con la esperanza de medrar socialmente.

Control de los adeptos

Los principiantes acudían con la promesa de la búsqueda de la sabiduría y de llegar a perfeccionarse. En esta etapa no se les revelaba ninguna de las intenciones políticas de la sociedad. El mensaje que se les trasmitía es que los estaban instruyendo para el altruismo, para ayudar a los oprimidos y para combatir el mal. Para ello tenían que practicar la obediencia ciega a sus superiores, pues es lo único que les despojaría del egoísmo y las acercaría a la perfección.

La presión que recibían los recién llegados, llamados novicios, tenía que ver también con la necesidad de comprobar que fueran capaces de guardar los secretos, pero también servía para espiar las esferas de influencia de la sociedad.

Se les exigía que escribieran un diario llamado Quibuslicet (que se traduciría como "a quién le está permitido leerlo") donde debían apuntar los datos de su evolución moral, pero no solo eso. También debían dejar constancia de los beneficios que les suponía estar en la Orden y de los trabajos que habían realizado para ella.

En este cuaderno se debían plasmar todos los aspectos de su vida personal. Desde el puesto que ocupaban y su remuneración hasta el patrimonio que poseían. También debían enumerar los libros que habían leído de todo tipo de temática y la impresión que les habían causado. Debían dar información de sus padres: desde sus nombres hasta sus oficios, pasando por sus aficiones, pasiones y defectos. Otro punto curioso es que se les pedía que elaboraran una lista de sus enemigos y apuntaran las causas por las que se enfrentaron a ellos. Además, debían analizar los puntos fuertes de su carácter y sus debilidades. Esta información pasaba a formar parte del archivo de la Orden.

Otra de las principales tareas que se les encomendaba era el reclutamiento de nuevos adeptos. Su ascenso dependería de la cantidad de personas que conseguían atraer y de la buena posición de estas. Habitualmente, el grado de novicio duraba dos años y si el tutor que tenían lo consideraba adecuado, podía ascender al de minerval.

De todas formas, además del estudio y del trabajo personal muchos illuminati no ascendían de grado. Los dirigentes de la sociedad secreta solo escogían para los altos rangos a aquellos que tuvieran gran poder que pudieran emplear en favor de la asociación. Y entre estos solo se escogía a los que no fueran a escandalizarse cuando descubrieran que rendían culto a Satanás.

El ascenso en la sociedad era lento, aunque había algunos adeptos que al provenir de la masonería entraban ya en grados superiores. Otro de los puntos que tenía gran importancia era la simbología que debían aprender. Esta sigue siendo la misma en la actualidad y, como se verá en el siguiente capítulo, combina aspectos clásicos y esotéricos.

LAS CINCO FAMILIAS ILLUMINATI QUE CONTROLAN EL MUNDO

Los Rothschild: El patriarca, Mayer Amschel Rothschild, fue el gran impulsor de los illuminati, puesto que financió la sociedad secreta. La revista Forbes lo califica como "el padre fundador de las finanzas internacionales".

Los Rockefeller: El imperio petrolífero que construyó su fundador, John D. Rockefeller, lo convirtió en la época en el hombre más rico del planeta. Y también en el más poderoso.

Los Morgan: John Pierpont Morgan fue considerado un héroe en Estados Unidos porque lideró un movimiento para que los banqueros vendieran bonos emitidos por el estado y compraran de nuevo oro.

Los du Pont: Pierre Samuel du Pont de Nemour fundó una compañía que acabó por hacerse con el monopolio de la pólvora y posteriormente de la dinamita.

Los Bush: El senador y banquero Prescott Sheldon Bush apoyó a Adolf Hitler y fue acusado de lucrarse con la II Guerra Mundial. El petróleo y los acuerdos comerciales para el sector militar multiplicaron la fortuna familiar.

CAPÍTULO 5

LA SIMBOLOGÍA ILLUMINATI

Las sociedades secretas poseen un *lenguaje encriptado* que les permite reconocerse sin tener que verbalizarlo. El juramento de absoluto silencio sobre la sociedad y sobre sus miembro es muy estricto y está absolutamente prohibido hablar en ningún lugar ni con nadie (aunque sea otro adepto). Es la única forma de garantizar el secretismo de estas sociedades y salvaguardar las identidades de sus miembros.

Pero los miembros en muchas ocasiones deben interactuar fuera de la sociedad, ya sea para ayudar a otro integrante de la hermandad o porque tengan que interactuar para llevar a cabo algún plan dictado por la Orden. En esos casos es también necesario reconocer el grado del interlocutor para saber si se le debe obediencia o viceversa. Y todo eso sin mediar palabra. Por ello se emplea un complejo lenguaje de signos. Son pequeños gestos que solo los iniciados conocen.

Además del lenguaje gestual, todas las sociedades secretas poseen una simbología conformada por objetos que representan conceptos espirituales o esotéricos que solo conocen los iniciados. Estos objetos sirven también para señalar espacios que pertenecen a la sociedad secreta.

Esta simbología es muy rica y tiene muchos matices que se van aprendiendo conforme se asciende de grado. Además, estos iconos cuentan con una antiquísima historia que también los dotó en tiempos inmemoriales de un significado oculto. No es fácil ni inequívoco definirlos, pero en este capítulo nos embarcaremos la aventura de descifrarlos.

EL BÚHO

Significado: sabiduría, alerta, vigilancia

Los iluminados de Baviera escogieron como símbolo que les representara el mochuelo de Minerva, la diosa de la sabiduría y de las artes, pero también de las técnicas de guerra. El ave que acompañaba a la deidad fue escogida para representar la superioridad de la ciencia sobre la religión y también la de los illuminati sobre los creyentes. Se ha de tener en cuenta que los illuminati nacieron en el ámbito universitario, donde el búho de Minerva también se utiliza sobre todo para representar el saber y concretamente la filosofía. Por último, en las prácticas de los illuminati, el búho es venerado como una criatura de vigilancia, un guardián que permanece alerta para que otros puedan descansar durante la noche bajo su mirada atenta: con los ojos siempre abiertos hasta que la luz resurja en el horizonte y empiece un nuevo día.

Antes de ser adoptado por los illuminati, el mochuelo contaba con una larga tradición simbólica. En la Grecia Clásica, además de vincularse a Minerva, se empleó como símbolo de las monedas y por tanto se asociaba a la riqueza.

En la Edad Media se lo asoció con el mal debido a que permanecía activo durante las peligrosas horas nocturnas. También se relacionaba con las brujas, que establecían una comunicación mágica con ellos que les permitía compartir embrujos y hechizos.

Muchas culturas lo vieron como un presagio de una mala fortuna pues creían que estaba maldito y lo vinculaban al mundo de los muertos. Aunque en otras lo veneraban como el guardián de la noche o el que velaba para que las almas pasaran de un mundo a otro.

Las tribus amerindias llevaban plumas de búho para protegerse de los malos espíritus y los chamanes recurrían a ellos para que les informaran de las amenazas que les esperaban.

En la cultura moderna, el búho aparece como un símbolo destacado especialmente en edificios gubernamentales y en muchos billetes y monedas de curso legal. Por medio de una lupa o haciendo *zoom* a la imagen, el búho se distingue claramente en la esquina de cada billete de un dólar de los Estados Unidos, junto con la Pirámide y el Ojo Omnisciente, que son también dos símbolos illuminati. Como se tratará en los siguientes capítulos, esto demuestra la entrada en las esferas de poder de Estados Unidos de miembros de esta organización.

LA PIRÁMIDE

Significado: salud, éxito, poder

En la doctrina de los illuminati, el dinero no es simplemente un medio de enriquecimiento personal, es en todo caso una herramienta que se puede utilizar para cumplir con su autoimpuesto deber para con el avance de la especie humana. Consideran al poder, la riqueza y el éxito como corrientes de agua que recorren una pirámide de arriba abajo. Los más altos reciben más porque son menos, mientras que los que se sitúan por debajo, al ser más, perciben una porción mucho menor. Antes de que el agua pueda alcanzar la base, primero debe atravesar todas las demás que están encima. Los que soportan el peso de la pirámide son muchos y fáciles de reemplazar. Se les reconoce como individuos únicos, pero su suma crea una masa: únicos individualmente, pero comunes juntos. Una persona sube más alto alejándose de los que están debajo.

Cuanto más dinero posee una persona, más capacidad tiene para cambiar positivamente la vida de quienes lo necesitan. Según esto, si eres pobre y de buen corazón y la casa de tu amigo se quema en un incendio, seguirás siendo una buena persona pero no tendrás la capacidad de ayudarlo cuando más lo necesita. Si se quema la misma casa pero eres rico, puedes ofrecerle un lugar para quedarse el tiempo que le haga falta o incluso brindarle un nuevo hogar. Socialmente, eres más útil porque tienes más dinero, que garantiza que puedas cubrir tus necesidades y las de otros.

Así, cuanto mayor sea la fortuna de una persona, mayor será su responsabilidad para con sus semejantes. Al igual que la pirámide, los que tienen el mayor poder pueden hacer el mayor bien por los que están debajo de ellos. Por lo tanto: cuanto más poder, más capacidad de hacer el bien.

La pirámide tiene también una connotación esotérica. Conecta el cielo con la tierra, lo más elevado con lo más terrenal. En algunas tradiciones se considera que desde su vértice superior capta la energía del universo para amplificarla y devolverla a la tierra. Por ello es un potente símbolo de transformación. También se interpreta que sus cuatro esquinas representan los cuatro puntos cardinales y hacia los que la pirámide canaliza su energía. De hecho, las grandes pirámides de la antigüedad que encontramos en civilizaciones como la egipcia o la maya se empleaban como intensificadores de energía.

EL OJO OMNISCIENTE

Significado: sabiduría, voz interior, progreso (para la humanidad)

También conocido como el ojo que todo lo ve, el ojo panóptico, el ojo de la providencia o delta luminoso.

Los humanos nos diferenciamos del resto de criaturas de este planeta por nuestra capacidad para el pensamiento complejo, el uso de herramientas y el dominio de nuestro entorno. Los animales y las computadoras pueden ser entrenados para realizar tareas, pero no pueden concebir nuevos pensamientos o ideas (al menos, en el caso de las máquinas, de momento no). Sin embargo, simplemente con la práctica, los miembros de este grupo creen que los humanos podemos crecer y aprender. Incluso el niño más pobre tiene la capacidad de convertirse en médico a través de la educación y la determinación, pero incluso el animal más inteligente no aprenderá nunca a leer un libro de texto.

Según los illuminati, algunos humanos que absorban los conocimientos y la sabiduría necesaria experimentarán el llamado Despertar: un momento crucial en el que la mente evoluciona a un nivel de comprensión superior al de la mayoría. Así, comienzan a verse a sí mismos como hilos en un tapiz universal con el deber de elevar a sus semejantes y comprender rápidamente el funcionamiento interno de la riqueza, el poder y la autoridad. Aquellos que aseguran haber experimentado el Despertar a menudo lo describen como el momento en que se abrió su Ojo y empezaron a ver el mundo de otra forma, situándose por encima de sus semejantes.

De todos modos, en la simbología universal este icono tiene otros significados más tenebrosos que podrían también relacionarse con los illuminati. Se cree que es el ojo de Satanás que vigila a los humanos y aparece en la iconografía satanista.

Su origen se encuentra en la mitología egipcia: Horus quiso vengar la muerte de su padre a manos de su tío y en un combate perdió el ojo izquierdo. Tot, el dios de la sabiduría se lo sustituyó por el Udyat, que es "el ojo que todo lo ve". Se empleaba como amuleto y se consideraba que simbolizaba el sol y el orden y que tenía poderes sanadores.

Tanto el judaísmo como el cristianismo adoptaron el símbolo para representar a Dios.

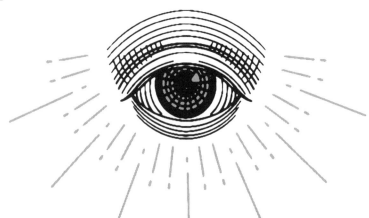

LA LUZ

Significado: guía, dirección, altos propósitos

Los illuminati creen que cada ser humano posee una brújula interior que apunta hacia la Luz. Ella nos guía a la hora de tomar decisiones, revelando la verdad y la dirección para que sean acertadas.

Mantienen que la Luz ha sido capaz de guiar a muchos hacia la alegría, el éxito y la abundancia, proporcionando métodos inexplicables para la ciencia. Se comunica directamente con cada ser humano, instándolo a luchar por la bondad y a renunciar a su egoísmo natural. Consideran que todas las religiones y creencias espirituales buscan en última instancia la Luz de formas diferentes. Algunas religiones se han referido a la Luz con nombres como Dios, Odín, Horus o Alá. El objetivo final de cualquier credo sería por tanto el deseo innato de la especie humana de comprender esta fuerza invisible. El núcleo de toda religión se basa en ese deseo innato de la especie humana de comprender esta fuerza invisible. Los no afiliados formalmente a ninguna creencia tampoco se salvan, pues todo ser humano se siente atraído naturalmente por la Luz.

La Luz para los illuminati podría ser una especie de energía universal a la que solo pueden acceder los iniciados en grados superiores y que de alguna forma les trasmite el plan que deben llevar a cabo para guiar a la humanidad.

También se relaciona con la revelación. Antes de entrar en la Orden, el iniciado estaba en la oscuridad y gracias a las enseñanzas recibidas puede ver la auténtica Luz. Se puede ver una representación de la Luz en un círculo iluminado del Juramento Eterno de los illuminati, rodeando la Pirámide y el Ojo Omnisciente.

Desde la antigüedad, la Luz se asocia con lo divino. En los antiguos templos se encendían fuegos y en las iglesias velas para mostrar el camino divino. Es un símbolo que también se asocia con la paz espiritual.

EL PÉNDULO

Significado: transferencia generacional del poder, cambio global

Durante la historia humana hemos tenido miles de reyes, reinas, emperadores, emperatrices, etc., cada uno diferente al anterior. Como el péndulo de un reloj, el poder oscila de un lado a otro marcando el interminable paso del tiempo. Crea un equilibrio entre dos fuerzas opuestas: cada bando depende del otro para mantener el orden. La doctrina illuminati nos dice que ninguna de las partes está del todo bien o mal, pero ninguna de las partes puede ceder. Si el Péndulo deja de oscilar, el reloj deja de funcionar.

Le conceden al tiempo un poderoso valor revelador. Consideran que nuestro planeta ha superado milenios de dificultades y la humanidad ha sobrevivido a desastres más devastadores que las guerras registradas por la historia. Nos las hemos visto contra los peores líderes, los regímenes más abyectos, los obstáculos más insuperables y hemos sobrevivido y además nos hemos hecho más fuertes. Aunque los retratos en los palacios pueden cambiar y los nombres en los mapas pueden ser alterados, el reloj de la humanidad continuará sin interrupciones.

El Péndulo también se ha relacionado con la brujería, que lo empleaba para sus hechizos o para obtener información. En algunas pseudociencias se utiliza para detectar las energías del cuerpo y saber las zonas en las que no están fluyendo correctamente. Asimismo algunos videntes se sirven de él para limpiar las energías negativas o liberar hechizos.

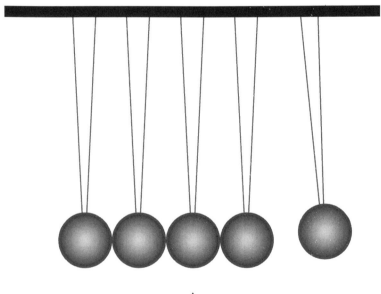

EL ORO

Significado: el poder solar, prestigio, salud

Desde el principio de las civilizaciones se ha utilizado el Oro como la medida del valor. Hasta 1971, el sistema monetario se regía por la llamada paridad o patrón Oro. Todas las monedas que emitiera un país debían poderse pagar con las reservas de oro del mismo. El Oro es el estándar definitorio por el cual se mide todo valor. Reflejando un color fascinante que imita los rayos del sol, el metal dorado es representativo de riqueza, poder y prestigio. En el simbolismo illuminati, el Oro representa el poder del sol, la fuente eterna de la que se deriva toda la energía humana. Es también el gran iluminador del universo, de todas las cosas. El Oro es visto como un recipiente de valor simbólico: una representación física de los esfuerzos y ganancias del ser humano.

En esencia, el Oro es simplemente un metal como todos los demás; no tendría ningún valor sin el poder de la fe humana. Este es un recordatorio de que el dinero no tiene sentimientos, ni voz, ni alma: no es bueno ni malo, depende del uso que se le dé. Por ello, quienes poseen riqueza deben emplear el poder que les otorga para mejorar la humanidad y de la Tierra.

El Oro ha provocado guerra y creación; destrucción e innovación; esclavitud y libertad.

Aunque el tiempo ha sido testigo del ascenso y la caída de vastos reinos e imperios, el Oro ha seguido hipnotizando a todas las generaciones de gobernantes por igual.

Este metal dorado se usa para crear el Talismán Illuminati Dorado, una muestra de pertenencia de los miembros a la secta y los distingue por haber dedicado su vida al avance de la especie humana.

Claudio Soler

LAS LLAVES CRUZADAS

Significado: confianza, secreto, autodeterminación

El símbolo de las Llaves Cruzadas de los illuminati es uno de los más opacos y rodeados de secretismo, lo que ha dado lugar a diferentes interpretaciones. En algunas piezas de arte consideradas illuminati, el significado de las llaves cruzadas cambia según el color del metal que se usa en su representación.

A medida que un miembro asciende de nivel, descubre los significados ocultos tras las Llaves Cruzadas. Por tanto, existen diferentes definiciones disponibles de este símbolo, que sigue siendo un misterio.

Algunas de las definiciones disponibles incluyen:

Claves del cielo y la tierra

En la Edad Media se consideraba que las Llaves Cruzadas representaban la autoridad de reyes y pontífices para comandar la Tierra y los Cielos. Pero según las creencias illuminati, el poder sobre esta vida y también sobre lo desconocido está en las manos de cada ser humano. Sus creencias dictan que el futuro de cada persona dependerá de sus propias elecciones y decisiones. Por esta razón, representan el poder oculto de cada cual para dirigir su vida y controlar su propio destino. Es una forma de manifestar su sentimiento antimonárquico y anticlerical: los hombres no necesitan una autoridad superior.

Lealtad a los juramentos

Una bóveda de acero está cerrada con una llave para proteger su preciado contenido de los forasteros que intentarían destruirlo. De la misma manera, los miembros de alto rango de los illuminati están obligados por juramentos que exigen un absoluto secreto cuyo objetivo es proteger su organización. Esos secretos son esotéricos, no pueden ser revelados a nadie que no haya sido iniciado.

Vínculo matrimonial

Cuando ambas llaves son idénticas, los cónyuges comparten la mitad de todas sus posesiones con su pareja. Representa la importancia de una unión matrimonial basada en el respeto mutuo.

Este emblema se puede ver en un círculo iluminado del Juramento Eterno de los illuminati. Entrar en la sociedad secreta es mucho más que un matrimonio. De hecho, una de las finalidades de esta organización es acabar con la familia tradicional. Se considera que los auténticos familiares que se han de anteponer a cualquier otra persona son los hermanos de la fraternidad.

OUROBOROS,
LA SERPIENTE QUE SE COME A SÍ MISMA

Significado: armonía, unidad, simbiosis

La imagen de la serpiente comiéndose su propia cola, comúnmente conocida como Ouroboros, es una de las primeras representaciones de la humanidad del equilibrio universal y, a veces, imita el símbolo del infinito.

Si bien esta imagen puede sugerir tener connotaciones destructivas, la comprensión de Ouroboros debe abordarse en el contexto de la creencia humana pre-medieval. En la mitología de muchas culturas tempranas, las serpientes eran vistas como símbolos de superación constante. Esto se debe a que la serpiente muda su piel y emerge como la misma criatura renovada y mejorada. Esa debía ser la máxima aspiración del hombre: mutar hasta abandonar lastre y convertirse en un ser renovado.

En los rituales illuminati, Ouroboros representa el círculo de la vida: el paso de la humanidad a través de generaciones que comienzan y terminan en un ciclo en constante renovación. Nos recuerda la mortalidad física, que no espiritual. Muestra la verdad ineludible de la condición humana: la vida empieza y acaba.

Por otra parte, este símbolo también está presente en la alquimia, una de las disciplinas esotéricas practicadas por los illuminati. Se entiende en este contexto como la incansable búsqueda de la inmortalidad y de la piedra filosofal.

EL OBELISCO

Significado: victorias, objetivos cumplidos

Un obelisco es una torre que aparece como una columna alta y delgada con una pirámide en su parte superior. Cientos de obeliscos se encuentran esparcidos por el planeta como arqueología de antiguas culturas que poblaron nuestro mundo.

Muchos de los primeros humanos veneraban el diseño del Obelisco como un tributo a las deidades que controlaban el sol. Se cree que los primeros obeliscos fueron construidos hace más de 4.500 años por los egipcios para honrar a Ra, el dios del sol. Incluso en los tiempos modernos, se han seguido construyendo estos pilares para conmemorar victorias y logros. El obelisco moderno más alto es el Monumento a Washington en los Estados Unidos, que mide casi 170 metros de altura. Algunos creen que fue construido gracias a la influencia de los illuminati.

Volviendo la vista atrás, debemos tener en cuenta que los primeros obeliscos se construyeron a partir de una sola piedra que requirió un esfuerzo inconmensurable para tallar, pulir y crear una torre perfecta. Pero a pesar de que los nombres de los constructores se han perdido con el paso del tiempo, sus obras nos han acompañado durante siglos y en algunos casos milenios.

En el simbolismo illuminati, el Obelisco significa logros y éxito. Nos habla del enorme poder de las decisiones que tomamos a diario, aunque no seamos plenamente conscientes de sus repercusiones.

Así, el Obelisco representa la capacidad del esfuerzo que tenemos para empujar el avance de la humanidad y dejar una huella positiva en la sociedad que seguirá siendo un hito para nuestros descendientes.

CAPÍTULO 6
EL PRIMER COMPLOT HACIA EL NUEVO ORDEN MUNDIAL

Los illuminati ya habían consolidado su sociedad secreta y ya tenían un objetivo: instaurar un Nuevo Orden Mundial que diera el poder a una elite compuesta por sus miembros. Pero sabían que sería una labor larga y que requeriría esfuerzo y mucha discreción. Por ello se pusieron manos a la obra en la conspiración que conduciría a uno de los hechos históricos más relevantes de su siglo.

La Revolución Francesa (1789-1799) supuso el fin de una época y el inicio de un Nuevo Orden Mundial del cual somos todos herederos. No en vano se sitúa el inicio de la llamada Historia Contemporánea en el año que estalló la revuelta: 1789. No es una exageración considerar que el mundo no sería el que es si no hubiera sido por este lejano acontecimiento que duró 10 años y que asentó las bases de nuestra sociedad y del capitalismo que llegaría más tarde.

Tras siglos de monarquía absolutista, en la que el rey ostentaba todos los poderes y su palabra era incuestionable, se establece un nuevo régimen, una república, que puede prescindir de esta figura. De hecho, prescinde de tal modo que la familia real acaba pasando por la guillotina. El concepto de ciudadano con derechos y obligaciones y de burguesía como estamento que posee el capital y arrebata el poder a la nobleza, se fraguan en esta revolución que es la que abre la puerta al capitalismo.

La mano negra de los illuminati es innegable incluso para los historiadores menos conspiranoicos. Hay evidencias probadas y "casualidades" que son más bien operaciones orquestadas. Los detalles los veremos en el siguiente capítulo, ahora abordaremos el método que empleó la sociedad secreta, pues es el que seguirá utilizando durante los siglos venideros.

En 1785, los illuminati pasan a la clandestinidad y despliegan su plan para crear un Nuevo Orden Mundial. En 1789 estalla la revolución, que impone los valores que predica esta sociedad secreta contraria al clero y a la monarquía. Sin duda, su primera actuación en la sombra fue la más exitosa.

Las revoluciones del pueblo nunca son revoluciones del pueblo

Para tratar la Revolución Francesa se emplean términos como "revolución del pueblo" o "de los trabajadores" o "estallido revolucionario", que dan la imagen de un acto casual fruto de una serie de injusticias que llevan a un grupo de personas a protestar violentamente para cambiar las condiciones que les oprimen. Y habitualmente lo consiguen con gran eficacia, porque esos actos "espontáneos", "casualmente" se coordinan con eficacia y atacan objetivos que les acercan rápidamente a sus metas.

Esta interpretación es de una ingenuidad tal que ni siquiera los historiadores modernos la mantienen. Las revoluciones no se gestan en el pueblo ni en los estamentos más oprimidos, que bastante tienen con subsistir como para ponerse a teorizar sobre un mundo más justo. Por mucho romanticismo del que se quiera revestir al pueblo llano, este ha sido educado en la obediencia y en el miedo al castigo. Comer o no comer, morir o no morir son necesidades tan acuciantes que difícilmente dejan espacio para planteamientos filosóficos como la necesidad de un cambio político.

Hoy en día es innegable que todas las revoluciones se fraguan en el seno de la misma sociedad que pretenden destruir, entre individuos instruidos que se pueden permitir filosofar. Estas clases acomodadas en muchos casos cree vehementemente que el modelo que anhelan imponer será más justo y permitirá el avance de la civilización, pero también saben que sacarán tajada de la revolución.

En la Revolución Francesa es especialmente absurdo creer que la multitud oprimida por la subida del precio del pan, indignada por los despilfarros de María Antonieta e indignados por los impuestos que debían pagar para financiar las guerras que Luis XVI mantenía en Estados Unidos contra los ingleses, se sintiera invadida por una indignación (de todos y al mismo tiempo) que los llevó a derrocar la monarquía.

Durante años habían aguantado subidas del pan, reinas derrochonas e impuestos por guerras absurdas. Y los franceses no eran los únicos, toda Europa vivía bajo monarquías injustas. ¿Por qué en Francia y por qué en ese momento? Los historiadores tienen claro que la Revolución Francesa no "estalló", que se orquestó durante años desde unas elites instaladas en el poder que necesitaban un cambio político para expandirse.

Los usureros pasaron a ser banqueros

Durante siglos los reyes europeos se enfrascaron en guerras que provocaron grandes crisis por anexionarse territorios. ¿Por qué era tan importante tener un pedazo más o menos de tierra? Las razones eran dos, que poco tenían que ver con el patriotismo: poder y dinero. El poder se entendía como una forma de garantizar la continuidad de la monarquía y por ello era necesario que los territorios vecinos no supusieran una amenaza. Habitualmente esto se conseguía mediante bodas reales entre nobles que garantizaban la paz. Pero cuando esta estrategia fallaba, siempre estaba la guerra. La otra razón de las guerras era el dinero: los nuevos territorios garantizaban la riqueza derivada de la tierra. Así, los territorios más ricos en recursos naturales o aquellos que tenían una salida al mar que permitía el comercio eran los más cotizados.

La subsistencia de la monarquía se basaba en la guerra o en la capacidad para demostrar que llegado el caso podía asumirla, como amenaza disuasoria que garantizaba el poder. Pero las guerras eran caras y los reyes no eran tan ricos como se los pinta. Sus ingresos dependían de los impuestos y por tanto estaban sujetos a la economía de su reino. Y esa economía la gestionaba la burguesía muchas veces sin intervención de los reyes, pues estos solo estaban interesados en recaudar impuestos. Mientras el dinero fluyera, ellos apenas intervenían en las finanzas del país.

Por otra parte, las guerras necesitaban financiación y esta procedía de una incipiente banca. La evolución de la banca es un tema que daría para un libro entero, pero aquí nos conformaremos con un apunte: durante el siglo XVIII y sobre todo durante el XIX, la profesión de banquero se convierte en prestigiosa después de siglos en que la Iglesia Católica condenó a los prestamistas y la usura convirtiéndolos en parias sociales.

¿Qué ocurrió para que los denostados prestamistas se convirtieran en laureados banqueros? La razón volvemos a encontrarla en la necesidad de los reyes de garantizar la subsistencia de la monarquía mediante la guerra. Estas solo podían llevarse a cabo con la contratación de mercenarios a los que se les prometía el saqueo de las ciudades. Mantener al ejército (comida, equipo, desplazamientos) y pagarle era un gasto considerable para el que los monarcas recurrían a los "banqueros".

Estos pronto descubrieron que su negocio era bastante arriesgado: si el monarca no quería devolverles el dinero, bastaba con que los condenara a muerte. Por ello refinaron sus tácticas y llegaron a acuerdos con la monarquía para que les concedieran privilegios, títulos nobiliarios o puestos de responsabilidad en la corte. ¿De qué servía el dinero si no iba acompañado de poder? En la época previa a la Revolución Francesa adoptaron una táctica: el doble juego. Sufragaban los gastos de un monarca y también los de su enemigo. Si uno de los dos no le concedía lo que pedía, le cortaban el apoyo económico. Esta es la estrategia que los illuminati llevan siglos utilizando en todas las contiendas. El dinero nunca pierde una guerra.

El dinero se convierte en poder

Todo ello desembocó en un momento histórico en que el dinero se convirtió en algo más que dinero. Se invirtió el concepto clásico de la riqueza: el capital servía para tener poder que generara más capital. El poder dejó de ser visto como la capacidad para doblegar al otro y pasó a ser una herramienta para controlar la toma de decisiones que permitían que un grupo controlara los recursos. Este es el gran cambio social que se genera bajo la batuta illuminati.

Para lograrlo tenían que acabar con la hegemonía de la monarquía y del clero para abrir la puerta al verdadero poder: el de la economía. Ya se ha comentado que uno de los primeros miembros de los illuminati fue el banquero alemán Mayer Amschel Bauer, que adoptaría en nombre de Rothschild. Él se encargó de la financiación de esta sociedad secreta con la que compartía todos los objetivos.

Paul H. Koch documenta en su libro *Illuminati*, que en 1786, un año después de la persecución de esta sociedad secreta, el primero de los Rothschild reunió en su casa a los principales miembros y entre todos trazaron con minuciosidad la hoja de ruta de lo que iba a ser la Revolución Francesa: desde el modo de agitar a la población en los meses previos, hasta la ejecución de los monarcas pasando por la creación de la Guardia Nacional Republicana que protegería el nuevo gobierno. El plan no dejaba nada al azar y garantizaba el crecimiento económico. Porque pese a que la revolución acabó con la vida de más de 16.000 personas y puso del revés el orden político, no afectó a los financieros ni a los negocios internacionales. De hecho, Rothschild y los illuminati siguieron aumentando su poder tras el fracaso de la Revolución, pues apoyaron a Napoleón a la vez que también financiaban a su enemigo, el duque de Wellington. Una de las frases más célebres del banquero podría servir también de lema para los illuminati: "No importa a quién vote el pueblo, siempre nos votará a nosotros".

EL APELLIDO ROTHSCHILD

Los Rothschild no se llamaban Rothschild. El fundador de la estirpe se llamaba Mayer Amschel Bauer, pero adoptó el apellido por el que fue mundialmente famoso. La familia vivía en el gueto judío de Frankfurt, en el que los judíos tenían prohibidas poseer y explotar tierras por lo que se dedicaban a las finanzas y a la compraventa de metales preciosos. Los padres del futuro banquero regentaban una tienda de monedas a la que acudía el príncipe Guillermo XI, que era un gran coleccionista. En la puerta de la tienda había un cartel con un águila romana y un escudo rojo.

En alemán Rothschild significa escudo rojo y es de ahí de donde sacó su apellido. Algunos analistas creen que la razón por la que las revoluciones, en especial la comunista, adoptaron el color rojo no fue una casualidad. Es el sello que dejó la familia para rubricar su participación.

La Masonería como cabeza de turco

Pero esta sociedad quería seguir siendo secreta y para ello recurrió a la masonería. Sus principales miembros se infiltraron en las logias e hicieron que tomaran las decisiones que les convenían. Fueron como titiriteros que se parapetaron tras el muñeco que salió a escena: los masones. En la actualidad no se tiene ninguna duda de que fueron ellos quienes orquestaron la Revolución.

Ese es uno de los éxitos de esta acción: que la sociedad secreta se mantuvo en el anonimato mientras los masones eran señalados como los autores. Tal y como sentenció Charles Baudelaire: "El mejor truco que el diablo inventó fue convencer al mundo de que no existía". Y en eso los illuminati han sido unos maestros.

Como ocurrirá en otros eventos históricos, empezaron a tejer su plan preparando el caldo de cultivo. La Revolución llevaba tiempo gestándose. La Ilustración, que arranca a mediados del siglo XVIII, le da la base teórica exponiendo la necesidad de que el clero no intervenga en los asuntos terrenales y que los soberanos, que en muchos casos no están cualificados para serlo, no acaparen tanto poder.

En este sentido hay que remarcar una "coincidencia": una de las corrientes de la Ilustración es el Iluminismo, que pondera la razón sobre la religión o la superchería y aboga por fomentar la libertad, la confianza y la emancipación para que los hombres alcancen la felicidad. Rousseau, Voltaire y Montesquieu se adscriben al Iluminismo, que tanto en el nombre como en el contenido coincide con los presupuestos illuminati.

Una de las ideas que se propusieron desde este movimiento y que ha llegado hasta nuestros días es la división de poderes. Tres órganos diferentes regulan el poder legislativo, ejecutivo y judicial. Esta idea fue formulada por Charles Louis de Secondat, barón de Montesquieu, eminente masón y que fue una de las referencias del fundador de los illuminati, Adam Weishaupt, que según algunos investigadores maniobró en la sombra para lograr que ese fuera el régimen político que acabara instaurándose.

El hecho de que algunos de los principales pensadores ilustrados y responsables de la Revolución pertenecieran a la masonería, como se verá en el siguiente capítulo, permitió que los illuminati permanecieran en la sombra.

Las "huellas" de los masones son tan obvias que a veces parecen incluso demasiado enfáticas. Tal y como apunta Paul H. Koch en su libro *Illuminati*, las coincidencias son muchas. Los colores de la bandera de los revolucionarios, el azul, el blanco y el rojo, son los de las tres principales logias masónicas de la época. La escarapela tricolor así como el gorro frigio también son símbolos masones. El himno de La Marsellesa fue compuesto por el masón Rouget de l'Isla.

La intervención de los masones estaría motivada por los ideales libertarios de la logia y fue una excepción que no volvió a repetirse. No hay pruebas de que las logias hayan intervenido en otros hechos históricos ni hayan intentado hacerse con cuotas de poder. La razón es que los masones no persiguen un ideal político, de hecho tienen prohibido debatir estas cuestiones en sus reuniones.

Entonces, ¿por qué intervinieron de una forma tan descarada en la Revolución Francesa? Pues porque detrás estaban los illuminati a los que les interesaba que sus compañeros se llevaran el protagonismo para que ellos pudieran seguir en la sombra.

Para justificar la intervención de los masones, se elaboró una historia un tanto rocambolesca que ha llegado hasta nuestros días.

La supuesta venganza templaria

Este término, "la venganza templaria", define la razón por la que los masones intervinieron en la Revolución Francesa. Las logias atribuyen sus orígenes a los Caballeros de la Orden del Temple (el término Temple, en francés haría alusión al Templo de Salomón, que es el otro origen que se le atribuye a los masones). Esta organización fue fundada en 1118 por nueve caballeros franceses que habían participado en la primera cruzada que liberó Tierra Santa del yugo musulmán. Se estableció que esta Orden militar se encargaría de garantizar la protección de los peregrinos cristianos que cruzaran Europa para visitar Tierra Santa.

El entusiasmo que provocó esta nueva orden hizo que se le concedieran privilegios excepcionales para la época: solo debían rendir cuentas al Papa y no estaban sometidos a ningún otro cargo del clero. Podían ordenar sus propios sacerdotes, construir sus iglesias y tenían derecho a recaudar las limosnas que se entregaban en otras iglesias.

Los templarios, además de contar con una independencia que suscitó muchas envidias, suponían un gasto enorme, pues por cada caballero se tenían que contar tres o cuatro personas más, entre escuderos, peones, sirvientes… Al principio solo actuaban en Tierra Santa, pero posteriormente campaban a sus anchas por toda Europa, sin tener que responder ante nadie.

Los templarios excavaron el Templo de Salomón en busca de reliquias que más tarde vendieron, y pese a que habían hecho voto de pobreza, con este y otros negocios se enriquecieron enormemente. Tanto, que pasaron a ser los banqueros de Europa, ofreciendo préstamos más ventajosos que los judíos, que eran los que se habían encargado del prestamismo hasta entonces.

Además, al vivir en Tierra Santa parece ser que entraron en contacto con conocimientos esotéricos y empezaron a aplicar algunos de estos rituales en el seno de su Orden. Lo que no se sabe es a qué tipo de sabiduría accedieron y cómo la emplearon.

Con la derrota de la última cruzada, fueron expulsados de Tierra Santa. Los tiempos habían cambiado, Europa había perdido el interés por los lugares santos y los templarios su razón de ser. Algunas monarquías les debían dinero y otras estaban celosas su poder. Así que Felipe IV de Francia, conocido como Felipe el Hermoso, convenció al Papa Clemente para condenar a la Orden por herejía, idolatría a Lucifer y sacrilegio, y persiguieron a sus miembros. Jacques de Molay, el último Gran maestre, fue condenado a morir en la hoguera. Cuenta la leyenda que justo antes de ser quemado echó una maldición: aseguró que el papa Clemente moría antes de cuarenta días y Felipe IV en aquel año. Su profecía se cumplió, pero los templarios siguieron siendo perseguidos y ejecutados.

Los que sobrevivieron fundaron la masonería. Esto es lo que mantienen algunas logias. Según este mito fundacional, los masones juraron "venganza templaria", que consistía en vengar la muerte del Gran Maestre asesinando a los descendientes de Felipe IV, es decir a los reyes de Francia. Y el desquite final sería la declaración de una república laica. Cuenta la leyenda que cuando guillotinaron a Luis XVI, se escucharon gritos de "¡Jacques de Molay, estás vengado!".

Una leyenda con un objetivo

Es bastante difícil creer que los masones, que eran una sociedad que aglutinaba las mentes más brillantes de su tiempo, conspiraran para llevar a cabo una revolución con el único objetivo de vengar a un personaje que había vivido cuatro siglos antes de que ellos nacieran. La hipótesis "venganza templaria" es para muchos una lóbrega leyenda que tiene como propósito denostar a los masones acusándolos de perpetrar una venganza que costó la vida de miles de personas. Y de paso, apartar el foco de atención sobre los auténticos autores en la sombra de la Revolución Francesa: los illuminati.

Además, de este modo también se ocultaba el verdadero motivo de la Revolución: un cambio económico que favorece a la burguesía y a los banqueros y que supone el primer paso hacia el Nuevo Orden Mundial.

EL ASESINATO RITUAL DEL DELFÍN

La venganza templaria contiene también un capítulo que contribuye a denostar aún más la imagen de los masones atribuyéndoles la muerte del heredero de la corona, Luis XVII, a la edad de 10 años. Se cuenta que los masones lo torturaron hasta la muerte en un ritual que tuvo lugar en la Torre del Temple, la prisión en la que había sido encarcelado Jacques de Molay. Según esta leyenda, como el delfín ocupaba el número veintidós en la línea de sucesión de Felipe IV, fue torturado por un Gran Maestre masón que ocupaba también ese puesto en la lista de los sucesores de Jacques de Molay, que le arrancó el corazón.

Esta historia incorpora datos verídicos, pero los fabula con otros que no lo son. Cuando guillotinaron a los monarcas, los revolucionarios encarcelaron al heredero en la Torre del Temple. No sabían qué hacer con él, pues existía el peligro de que los monárquicos se unieran alrededor de su figura

En la orden del Temple se origina la masonería como supuesta venganza ante la persecución a la que se vieron sometidos.

para reclamar que se instaurara de nuevo la monarquía. También temían que fuera apoyado por las coronas europeas que contaban con medios para declarar la guerra a Francia.

No se sabe quién tomó la decisión, pero lo que parece probado es que Luis XVI fue humillado y torturado por los soldados que le custodiaban. Le golpeaban, le obligaban a beber alcohol, a cantar La Marsellesa, le amenazaban con la guillotina y le decían que sus padres continuaban vivos, pero no le querían. Murió de múltiples infecciones después de un encierro de seis meses en una celda sin contacto con nadie. Cuando practicaron la autopsia, el corazón había sido extirpado y no se encontró hasta 1975 en la basílica de Saint-Denis. Este extraño hecho sirvió para crear la terrorífica historia del asesinato ritual llevado a cabo por los masones.

CAPÍTULO 7
LA PRIMERA REVOLUCIÓN ILLUMINATI

Como se ha comentado en el capítulo anterior, la Revolución Francesa supone un cambio radical en la forma de entender la política, el poder y la economía. La pretensión de los illuminati de instaurar un Nuevo Orden Mundial se cumple en su primera intervención en la sombra. Para entender cómo movieron sus hilos y qué intención buscaban sus acciones tendremos que repasar los principales hechos históricos. También deberemos desterrar algunos clichés sobre cómo hemos interpretado la historia tradicionalmente.

La ¿épica? toma de la Bastilla

La toma de la Bastilla es una de las escenas más mitificadas de la Revolución Francesa. El 14 de julio de 1789, el pueblo, furioso por las injusticias que les infringe la monarquía, se dirige enardecido a la cárcel de la Bastilla, que era el símbolo de la opresión del régimen. Se contaba que ahí torturaban a los presos y algunos eran enterrados vivos. La liberación de los reclusos fue un desafío a la monarquía y el inicio de la Revolución Francesa.

Pero vayamos por partes. Casi un millar de personas deciden "espontáneamente" dirigirse a la cárcel y jugarse la vida por un ideal. Y casualmente, justo antes de hacerlo, a las 10 de la mañana de aquel día entran en el Hôtel des Invalides donde requisan entre 29.000 y 32.000 mosquetones, 12 cañones y un mortero. ¿Cómo podía saber esa multitud guiada por sus ideales dónde se almacenaba el armamento?

El heroico combate también está plagado de contradicciones. En los documentos de la época se habla de 98 muertos, 60 heridos y 13 mutilados. Sin embargo, algunos historiadores modernos creen que los únicos muertos fueron el alcaide Bernard de Launay, al que linchó la turba y al que le cortaron la cabeza para clavarla en una pica, y el político Jacques de Flesselles.

Si seguimos con el análisis de los hechos aún encontramos más incongruencias. La Bastilla no era el símbolo de la barbarie y la tortura que ejercía la monarquía francesa sobre su pueblo. Había infinidad de prisiones que sí lo eran, pero la Bastilla era un caso excepcional: se trataba de una de las prisiones "más cómodas" de Europa en ese momento. Las celdas octogonales, de cinco metros de diámetro estaban equipadas con una cama, mesas, sillas, cocina y chimenea, según relata el historiador británico Simon Schama en su libro *Ciudadanos: una crónica de la Revolución Francesa*. Para entender la comodidad de la que gozaban los presos, cabe remarcar que una semana antes fue trasladado a un centro mental uno de los más insignes, el Marqués de Sade, que tuvo que mudarse con todo lo que tenía en la celda, que no era poco: un guardarropa con camisas, frac, una colección de sombreros y zapatos, además de perfumes, lámparas, cuadros, almohadas y una biblioteca con 133 libros. El noble tenía por costumbre recibir visitas con las que paseaba por el patio de la prisión.

Está claro que La Bastilla no era la terrible prisión que le habían vendido a la masa enfebrecida. Y tampoco tenía el valor revolucionario que se le ha dado a posteriori. Cuando se abrieron las puertas de la cárcel, no recuperaron la libertad cientos de prisioneros encarcelados injustamente. En ese momento únicamente había siete reclusos: dos aquejados de algún tipo de locura, cuatro falsificadores y un aristócrata.

Aún así, la toma de la Bastilla sigue siendo mitificada por los franceses de tal modo que han adoptado el 14 de julio como día nacional. Asimismo, dentro de esta "iconografía épica" cabe destacar que uno de los símbolos es el cuadro *La libertad guiando al*

pueblo de Eugène Delacroix. Pues bien, esta imagen que se asocia
en diccionarios y páginas web a la Toma de la Bastilla y en general
tomada como representación de la Revolución Francesa, nada tiene
que ver con ella, pues el cuadro fue pintado posteriormente, en 1830
y rinde homenaje a una revuelta que tuvo lugar del 27 al 29 de julio
de aquel año.

Las razones ocultas del asalto

¿Por qué el pueblo francés decide que justo en ese momento no so-
porta más la injusticia y se decide a entrar a sangre y fuego en una
apacible cárcel de presos de clase alta?

Las razones que esgrimen los libros de texto y que nos hemos
creído a pies juntillas son como mínimo cuestionables. El 5 de mayo
de 1789 el rey convocó los Estados Generales (una asamblea de representantes de los diferentes estamentos sociales) para aumentar

la representación del Tercer Estado (el pueblo llano y la burguesía), pero el clero y la nobleza bloquearon su decisión. El 17 de junio, los representantes del Tercer Estado constituyeron la Asamblea Nacional Constituyente, que tenía una misión revolucionaria: redactar una constitución para Francia, lo que acabaría con el poder absoluto de la monarquía y buena parte de los privilegios de la nobleza. El presidente de la misma era Honoré Gabriel Riquetti, el conde de Mirabeau, escritor y político y uno de los pesos pesados de la cúpula illuminati.

El rey quiso oponerse a la Asamblea, pero finalmente la reconoció, por lo que en este punto de los acontecimientos hubiera sido posible un cambio de sistema sin una revuelta. Pero los planes de revolución eran ya imparables y aquí se ha de hacer un pequeño paréntesis que demostrará la influencia de los financieros y banqueros. Para proteger la Asamblea Nacional se crea la Guardia Nacional, justo el un día antes de la toma de la Bastilla. Este cuerpo sustituye a la llamada Milicia Burguesa, que tenía por objetivo proteger a las personas y a sus bienes, sobre todo en los desórdenes públicos. Según cuenta la narrativa oficial, el 13 de julio de 1789 los parisinos hambrientos atacan tiendas y se crea esta Guardia Nacional. Está claro que es una forma de defender los intereses financieros. En ese momento no tenían armas, pero "casualmente" la toma de la Bastilla les sirvió para hacerse con ellas. Y también es bastante curioso que justo el día después de la Toma de la Bastilla, el marqués de Lafayette, amigo personal de Adam Weishaupt, fundador de los illuminati, asume el mando de la nueva milicia.

Pero volvamos unos días atrás, pues los historiadores coinciden en que el motivo de la Revolución fue que Luis XVI destituyó a su ministro de finanzas, Jacques Necker, que estaba saneando las cuentas del reino y que proponía medidas para ayudar a los más desfavorecidos. Esto fue interpretado por los políticos que querían una renovación como un movimiento del monarca por abortar las reformas. En ese momento, una multitud de 10.000 personas se junta "espontáneamente" en el Palais Royal. Y el escritor, abogado y político Camille Desmoulins, que ocupaba un alto cargo en los illuminati, arengó a la multitud gritando: "¡Ciudadanos, no hay tiempo que perder; el cese de Necker es la señal de la Noche de San Bartolomé para los patriotas! ¡Esta noche, batallones de suizos y alemanes tomarán el Campo de Marte para masacrarnos! ¡Solo queda una solución: tomar las armas!".

La Noche de San Bartolomé fue el asesinato en masa de hugonotes (cristianos calvinistas franceses con ideas progresistas) que tuvo lugar la noche del 23 al 24 de agosto de 1572 en París, que también acabó con la vida de muchos masones. La arenga de Desmoulins tiene un efecto hipnótico en la población que sigue sus órdenes. ¿Por qué? Habla de unos hechos que tuvieron lugar dos siglos antes y que no afectaron a los revolucionarios. La respuesta es que entre la masa se infiltraron agentes agitadores illuminati.

Espías y agitadores

Pero vayamos por partes. Estamos dando por hecho que el pueblo de a pie, que hace un día atacaba tiendas porque se moría de hambre, ahora protesta por la destitución de un ministro de economía que solo aparecía en los diarios y que difícilmente el pueblo, en su mayoría analfabeto, conocía. Además, se apela a la posibilidad de un ataque de fuerzas extranjeras, suizas y alemanas, que apoyaban la restitución de la monarquía absolutista. Los extranjeros no contaban con el aprecio de las clases bajas. María Antonieta era especialmente criticada por ser austriaca. Pero curiosamente, Jacques Necker, ese ministro "tan amado" por el pueblo como para iniciar una revolución, era suizo y protestante. Que un extranjero no católico llegara a la corte de Luis XVI es de por sí ya sospechoso y solo los contactos de los illuminati pudieron auparle a ese puesto.

En cuanto a ese pueblo tan enfurecido por el cese del ministro y a esa masa épica que se dirigió a la Bastilla también hay algunos detalles que explicarían lo ocurrido. Dos políticos revolucionarios franceses hablaron de la presencia de agitadores extranjeros. Se trataba de Jean-Paul Marat y de Jean Paul Rabout Saint Étienne. El primero pertenecía a la logia illuminati Los Amigos Reunidos y tuvo un papel muy destacado en el desarrollo de la Revolución.

Posteriormente, también durante la etapa del terror, fueron ejecutados algunos agitadores que intervinieron en la toma de la Bastilla y en el asalto al palacio de las Tullerías. Entre ellos se encontraba un banquero prusiano llamado Koch Mayer, los hermanos Junius y Emmenuel Frey que eran de Moravia, se dedicaban a la banca y trabajaban como espías para Austria, y Andrés María Guzmán, un noble de origen español nacionalizado francés que se infiltró en el ejército. Los cuatro tenían relación con la masonería y con los illuminati. Es importante destacar la profesión de los cuatro: banqueros, y por tanto interesados en un cambio de régimen que allanara el camino al capitalismo. Las confesiones que hicieron los acusados en su momento sustentan la hipótesis de que el pueblo no actuó espontáneamente si no guiado y manipulado por unos cuantos agentes agitadores.

Otro de los ejecutados durante el periodo más oscuro de la revolución fue Luis Felipe II de Orleans, conocido como Felipe Igualdad, pues era un ferviente defensor del cambio de régimen pese a ser primo del rey. Y también un Gran Maestre de la Gran Logia de Inglaterra, que era enemiga de los illuminati. Y es que en la Revolución también jugaron un papel importante los intereses británicos, tanto por parte de esta monarquía que influyó con sus servicios de espionaje, como con sus logias que ocuparon cargos importantes.

El reinado del terror

Los siguientes años de la Revolución Francesa se presentan en los libros de historia como un enfrentamiento de diferentes ideologías entre los revolucionarios. Pero buena parte de esas divergencias ocultaban un auténtico enfrentamiento entre las sociedades secretas por hacerse con el control del nuevo estado. Sobre todo entre las logias masónicas.

Las monarquías austriaca y prusiana le declararon a Francia la guerra para restituir a Luis XVI. Ello empobreció al país y acabó por darle el poder a los jacobinos, que iniciaron uno de los periodos más lóbregos de la historia francesa: el Reinado del Terror. Los jacobinos pertenecían a logias masónicas controladas por los illuminati. Pruebas no faltan: el Ojo que todo lo ve, el símbolo illuminati aparecía en la propaganda y comunicados internos jacobinos. Uno de sus principales líderes, Jean-Paul Marat, pertenecía a una logia illuminati.

¿Estaban entonces los illuminati a favor del Reinado del Terror? A partir de este momento hacernos preguntas sobre la ideología de esta sociedad secreta carece de sentido. Los illuminati estuvieron y están en todos los bandos y se camuflan con cualquier ideología para situarse en los círculos de poder. No creen en otra doctrina que no sea el capital y la creación de un orden que lo proteja y les permita incrementar sus cuotas de poder.

NAPOLEÓN CREA LA BANCA ILLUMINATI

La Revolución Francesa fue el primer paso para establecen un régimen económico propicio para los illuminati, pero en su etapa final, con el Terror, se desestabilizaron los mercados. Por ello, la sociedad secreta aupó al poder a un joven y ambicioso general masón: Napoleón Bonaparte. Banqueros suizos, entre los que se contaban altos cargos illuminati, financiaron el golpe de estado. Su primera medida fue crear el Banco de Francia, que dependía de ingleses y suizos y que se encarga de la producción de moneda. Los cargos de este banco no eran designados por el gobierno, si no por los accionistas. Así se consigue establecer una elite económica al margen de la política.

De este modo, las sociedades secretas lograron la estabilidad económica que les permite realizar sus negocios. Pero Napoleón se rebeló contra sus dictados y se embarcó en diferentes guerras que volvieron a amenazar sus intereses. Una de las medidas que marcó este viraje del emperador fue que se negó a alcanzar un acuerdo comercial con Inglaterra, que esperaba vender a Francia el excedente de la Revolución Industrial.

Pero los illuminati sacaron partido de las guerras napoleónicas: repartieron los territorios del viejo continente a su antojo y decidieron restaurar la monarquía escogiendo a Luis XVIII, que serviría a sus intereses económicos.

CAPÍTULO 8
ESTADOS UNIDOS: EL NACIMIENTO DE UNA NACIÓN ILLUMINATI

El 4 de julio de 1776 tiene lugar la Declaración de Independencia de Estados Unidos que desemboca en una guerra contra el imperio británico. Para los illuminati, una nación recién estrenada sin monarquía suponía una oportunidad única para experimentar un sistema político nuevo.

Muchos illuminati infiltrados en logias masónicas se situaron en posiciones de poder dentro del nuevo estado. Pero el desembarco masivo al otro lado del charco tuvo lugar cuando los miembros de esta sociedad secreta fueron perseguidos en Europa, a partir de 1785. Es entonces cuando muchos emigraron al país de las oportunidades dispuestos a convertirlo en el laboratorio de experimentos del Nuevo Orden Mundial. Asimismo, existen conexiones muy significativas entre la Revolución Francesa y la Guerra de Independencia estadounidense en las que encontramos personajes históricos que pertenecían a los illuminati.

French Connection

La mayoría de los analistas considera que sin el apoyo francés hubiera sido complicado que los americanos lograran independizarse. Luis XVI envió tropas al nuevo continente y eso desencadenó una crisis que le costó una revuelta y finalmente su cabeza. Los illuminati infiltrados en la corte del monarca le presionaron para que apoyara las aspiraciones de los nativos americanos. Convencer al monarca no fue difícil: las colonias americanas se levantaban contra el sempiterno enemigo de los franceses: Inglaterra. De esta forma pretendían recuperar las colonias que les habían sido arrebatadas por Gran Bretaña durante la Guerra de los Siete Años. Pero los illumnati conspiraron para que los estadounidenses se valieran de su ayuda y después no les concedieran los beneficios pactados. Esto desencadenó una crisis en la economía gala que desembocó en la Revolución Francesa.

La estrategia de los illuminati consiste en infiltrarse en las logias masónicas y mover los hilos para que se tomen las decisiones que desean. La implicación de la masonería en la Declaración de Independencia de Estados Unidos está probada más allá de cualquier duda. Los tres padres fundadores de Estados Unidos que redactaron el histórico escrito, Benjamin Franklin, John Adams y Thomas Jefferson, pertenecían a la logia. Las trece colonias que inician la guerra estaban gobernadas por masones.

Amigos, masones y conspiradores

En este periodo concreto, el peso del avance illuminati recae sobre dos personas: Benjamin Franklin y el Marqués de Lafayette. El inventor y periodista americano ingresó de joven en la logia de St. John de Filadelfia y rápidamente obtuvo el grado de Gran Maestre. Fue muy activo en la masonería y se encargó de publicar documentos masónicos como *Las Constituciones de Anderson*. Durante dos años encabezó las negociaciones con el gobierno británico en Londres para lograr la independencia, lo que le llevó a entrar en contacto con las logias londinenses. Pero las tensiones con el monarca inglés le llevaron a abandonar el país y a regresar a los futuros Estados Unidos. Después viajó a Francia como embajador en este país (1775-1778), y en la corte de Luis XVI logró el apoyo del monarca para su causa. Y de paso se granjeó la fascinación de los franceses, que le vieron como

BENJAMIN FRANKLIN: PERIODISTA, POLÍTICO E INVENTOR

Ese concepto de "hombre hecho a sí mismo" que representa al hombre que con su determinación y su inteligencia escala puestos en la sociedad, se creó por primera vez entorno a Benjamin Franklin (1706-1790). Este bostoniano únicamente estudió hasta los 10 años, pues se tuvo que poner a trabajar en la fábrica de velas de su padre. Dos años después, viendo su padre

que el negocio le aburría y que estaba contemplando enrolarse en la marina, le colocó como aprendiz en la imprenta de su hermano mayor. A los 15 años inició su carrera de periodista publicando artículos en la imprenta en la que trabajaba.

Con 17 años, cansado del control familiar, quiso mudarse a Nueva York, pero el dinero no le alcanzó y se quedó en Filadelfia donde trabajó como impresor, llegando a montar su propio negocio, que se encargó de la emisión de los primeros billetes de dólar. Su actividad profesional, así como su carrera periodística, le convirtieron en un líder en Filadelfia y acabó representando al estado de Pensilvania. ¿Cómo pudo un adolescente que apenas tenía unos peniques en el bolsillo convertirse en un próspero editor? El empuje de los illuminati responde a la cuestión.

En 1748 vendió su rentable imprenta y le permitió contar con una fortuna "modesta pero suficiente", como declaró él mismo. Suficiente para dedicarse a su pasión, lo que él llamaba sus divertimentos científicos. Después de muchos experimentos, inventó el pararrayos, lo que le valió fama mundial. También creó una subdivisión de las bodegas de los barcos, un horno y una estufa. Algunos creen que estos inventos surgieron de los conocimientos elevados que aprendió en las logias illuminati.

un nuevo modelo de político. Eso le sirvió para introducirse en los círculos de intelectuales, aristócratas, políticos y, por supuesto, de la banca. Pero más allá del carisma de Franklin, buena parte de estos contactos también le vinieron por su vinculación a la logia masónica francesa de Las Nueve Hermanas, en la que había sido iniciado Voltaire.

Estas conexiones masónicas le llevaron a conocer al marqués de La Fayette, que fue un personaje clave en la Revolución Francesa. Además de ser hermanos de fraternidad, entablaron una amistad sincera y La Fayette, que era militar, fue por su cuenta y riesgo a Estados Unidos a petición de Franklin para apoyar la independencia en varias batallas. Regresó a Francia tras ser herido, con la intención de convencer a Luis XVI de que aumentara su apoyo a la causa y lo logró.

Independencia y revolución

Gilbert du Motier, más conocido como el marqués de La Fayette, militar y político francés, combatió a favor de los Estados Unidos en la Guerra de la Independencia y fue considerado un héroe en la misma.

Esta maniobra que llevaron a cabo La Fayette y Franklin obedecía a un plan illuminati y fue básica para que los colonos se impusieran a los ingleses y alcanzaran la independencia. Es decir: los illuminati fueron una pieza clave en la creación Estados Unidos y desde entonces establecieron allí su feudo.

Pero los illuminati no dan puntada sin hilo y además de lograr crear una futura superpotencia, le dieron un empujón a la Revolución Francesa con un entramado de complots y traiciones. Los norteamericanos se habían comprometido a compensar a la monarquía francesa por su apoyo, pero llegado el momento no lo hicieron.

Esto provocó la fuerte crisis y el descontento que los illuminati manipularon para justificar el levantamiento popular contra el rey.

La independencia de los Estados Unidos puso en la presidencia a un masón con conexiones con los illuminati. George Washington había sido iniciado en la logia Fredericksburg de Virginia. Según el investigador Paul H. Koch así se inauguró una larga tradición que ha llegado hasta nuestros días, pues al menos 15 inquilinos de la Casa Blanca han pertenecido a logias.

El dólar: el emblema illuminati

La discreción de los illuminati para estar en la sombra contrasta con el orgullo que les llevó a dejar sus marcas de identidad en el dólar a través de sus símbolos. El más conocido es la Pirámide con el Ojo que todo lo ve que se encuentra en el dólar, que precisamente fue impreso por Benjamin Franklin. En el capítulo de simbología hemos tratado ya el significado de este icono. La Pirámide muestra que una elite (la que está en la punta) recibe la luz y el conocimiento que debe traspasar a las bases que son las que sustentan el sistema. El Ojo que todo lo ve o el Ojo omnisciente representa el despertar a la sabiduría, a la revelación. Aunque también se ha interpretado como el ojo del Diablo que vigila a los humanos.

En el anverso del famoso billete se encuentra un águila, que es el símbolo egipcio de la iniciación y que también fue empleado por los romanos para encarnar el poder y la conquista. En 1841 se sustituyó por un águila autóctona con las plumas rojas y azules, como la bandera estadounidense. Las plumas del billete de 1 dólar son 32 y 33, lo que coincide con los grados de las dos principales logias masó-

nicas. En el pico sostiene un pergamino que reza "E pluribus unum" ("De muchos, uno"), que según Paul H. Koch era uno de los lemas de Adam Weishaupt, el fundador de los illuminati. Esta leyenda se refiere al método de selección de los miembros de la sociedad secreta: se escoge solo a los elegidos, a los que tienen contactos o potencial para formar parte de la elite que dominará al mundo.

Este investigador considera que una de las huellas más claras que esta sociedad secreta imprime en el dólar es la leyenda "Novus Ordo Seclorum", una frase de Virgilio que se traduce como "Nuevo Orden de los Siglos" y que es fácilmente asimilable al proyecto de instaurar un Nuevo Orden Mundial.

En 1935 se introdujo un nuevo lema, que ya estaba presente desde la creación de la nación en el gran sello que se diseñó: "Annuit Cœptis", que se traduciría como "favorece nuestras empresas", otro mensaje que deja claros los objetivos de esta sociedad secreta.

Siguiente paso: a por el petróleo

Una vez asentados en las principales estructuras de poder de Estados Unidos, los illuminati debían controlar la economía. Y para ello era necesario crear una elite que moviera los hilos de las finanzas.

Los Rothschild habían financiado a los illuminati desde sus inicios y su poder estaba consolidado. Pero tenían claro que para seguir en este puesto tenían que contar con el apoyo de otras familias con las que crear una plutocracia que pudiera controlar la economía. Una elite exclusiva en la que solo entraban illuminati para poder imponer el Nuevo Orden Mundial. Esta acabaría siendo formada por las cinco familias illuminati que se mencionaron en el capítulo 3.

Los Rothschild eligieron a John D. Rockefeller que era un joven vinculado a las logias que se enriqueció durante la Guerra de la Secesión, suministrando alimentos y productos a los unionistas. Rothschild en ese momento jugaba a dos bandas, como ya había hecho con Napoleón y Wellington en la batalla de Waterloo. Tanto financiaba a los sudistas como a los unionistas.

Rockefeller poco antes de que acabara la contienda entendió que el lucrativo negocio estaba llegando a su fin, así que se dedicó a otro aún más rentable: el del petróleo. Los illuminati le habían indicado que el futuro de ese sector era brillante y le brindaron el apoyo necesario para conquistarlo. Lo primero que hizo el empresario fue eliminar a toda la competencia: si los propietarios de otras compañías petroleras no se las vendían, los amenazaba con llevarlos a la bancarrota. Y tras algún que otro escarmiento, los rivales entendieron que Rockefeller tenía suficiente poder y contactos para llevar a cabo sus amenazas.

¿Pero de dónde provenía ese poder? ¿Cómo pudo acabar con la competencia y establecer el monopolio del petróleo con su compañía Standard Oil? Los libros de economía lo atribuyen a su gran inteligencia y a su carácter despiadado. Pero sin una red de contactos difícilmente lo hubiera logrado. Y vamos si lo consiguió: en la década de 1880, el 85% de la producción petrolera provenía de Pensilvania y estaba controlada por su empresa.

Rothschild apoyó a Rockefeller como hermano de logia desde el principio. Es difícil dilucidar hasta qué punto, pero lo que sí está documentado es que cuando surgió la necesidad de internacionalizar el negocio y construir los primeros oleoductos en Rusia, la financiación procedió de los Rothschild. Con los años, ambas familias acabaron controlando la producción de petróleo y de gas natural, que ha sido la causa de infinidad de guerras en el siglo XX.

Un millonario intocable

Otro detalle de la carrera de Rockefeller que demuestra la red de influencias illuminati es que durante años pudo eludir las múltiples demandas por *trust* y monopolio que se interpusieron. No hubiera sido posible sin el apoyo de influyentes jueces infiltrados en el sistema público. De todas formas, la opinión pública norteamericana detestaba al millonario que urdió un plan que le permitió sanear su imagen, ahorrarse impuestos y ampliar el poder de la Orden. Así fue como creo las fundaciones filantrópicas Rockefeller.

La ley estadounidense premia a estas entidades con unas ventajas fiscales que Rockefeller empleó para gestionar su patrimonio sin tener que pagar impuestos. Por último, y no por ello menos importante (probablemente fuera el objetivo final de las fundaciones Rockefeller), le sirvieron para codearse con los políticos, intelectuales, pensadores y economistas más brillantes de la época. Esa sería la cantera de los futuros illuminati.

Rockefeller y el Diablo

Cuando se construyó en Nueva York la plaza Rockefeller (que planificó el patriarca aunque murió sin llegar a verla) se edificó el rascacielos Tishman, en el número 666 de la Quinta Avenida. Los tres seises, el número de la bestia, lucieron en el edificio hasta que se retiraron en

John Davison Rockefeller, a través de su compañía Standard Oil, llegó a controlar la industria petrolera mundial. Abajo a la derecha, el edificio Tishman, en el 666 de la Quinta Avenida de Nueva York.

1992 por todas las especulaciones a las que daban origen. Este edificio presuntamente es la sede de la logia por la que han pasado desde presidentes estadounidenses hasta estrellas del rock. También se ha documentado que David Rockefeller (nieto del magnate del petróleo) fue el creador del Club Bilderberg, que sería una extensión de los illuminati con otro nombre. Pero aún hay más: David Rockefeller fue uno de los impulsores de la CIA, con lo que pudo infiltrar a miembros de la Orden entre sus filas para que los illuminati poseyeran la información necesaria para sus transacciones financieras y pudieran promover guerras que les acercaran al Nuevo Orden Mundial.

Desde sus inicios, Estados Unidos fue una pieza clave en las maquinaciones illuminati. Algunos analistas consideran que el esplendor que ha alcanzado esta nación se debe a la presencia de miembros de la Orden. Como se verá unos capítulos más adelante, la mayoría de los planes de los illuminati se gestan en este país para después extenderse al resto del mundo.

LISTA DE PRESIDENTES DE ESTADOS UNIDOS MASONES

Al menos 16 de los 46 presidentes norteamericanos han sido masones y muchos de ellos han militado también en las filas illuminati, aunque este último punto es más difícil de demostrar. Estos son los nombres:

George Washington	Theodore Roosevelt
James Monroe	William Howard Taft
Andrew Jackson	Warren Gamaliel Harding
James Knox Polk	Franklin Delano Roosevelt
James Buchanan	Gerald R. Ford Junior
Andrew Johnson	George Bush
James Abram Garfield	William J. Clinton
William McKinley	George W. Bush

CAPÍTULO 9
LA UNIFICACIÓN ITALIANA Y LA MAFIA

Volvemos de Estados Unidos al viejo continente, donde la Revolución Francesa, pese a acabar con la restauración borbónica, había cambiado el panorama de la política. Se demostró que había otra forma de gobernar y esa semilla, tan bien plantada por la sociedad secreta, fructificó en diferentes estados.

Uno de ellos fue Italia o, mejor dicho, la futura Italia, porque en ese momento la conformaban diferentes reinados que iban por libre. El nacionalismo romántico del siglo XIX fue empleado por los illuminati para recordar que la mayoría de estos estados estaban en manos de monarcas extranjeros, básicamente los Habsburgo o los Borbones. Espoleando el nacionalismo y presentando la unificación como un derecho heredado del Imperio Romano, la causa ganó muchos seguidores.

Se trató de un proceso largo (1848-1870) que contó con la oposición de los Estados Pontificios, o sea el Papa de Roma. El anticlericalismo de los illuminati culmina aquí uno de sus objetivos: despoja a la Iglesia Católica de parte de su poder, pues se reducen a la mínima expresión los territorios que domina.

También supuso una mejora económica para las clases acomodadas. La aristocracia y la burguesía del norte propició el establecimiento de una elite industrial con una base proletaria que no se benefició del cambio. El sur quedó condenado a la producción agrícola, a la emigración y a la criminalidad, lo que propició la aparición de la Mafia, otro invento illuminati. El proceso de unificación por tanto favoreció a la elite económica y a los negocios.

Dentro de este proceso está Giuseppe Mazzini, que era la máxima autoridad de los illuminati en Europa. A su lado cuenta con otros insignes illuminati que pasaron a la historia por sus gestas en la unificación italiana.

Padre de la unificación de día, illuminati de noche

Giuseppe Mazzini (1805-1872) destacó desde niño en los estudios y con 14 años le permitieron estudiar en la Universidad de Génova donde cursó Derecho, carrera que combinó con el periodismo y la escritura. En 1825 ingresó en la sociedad secreta de los carbonarios, que a diferencia de las logias masónicas tenía ideología política y apostaba por las revueltas para llevarla a cabo. Los carbonarios poseían una estructura muy similar a la de los masones: cuando ingresaban en la sociedad eran aprendices y al cabo de un tiempo se convertían en maestros. También tenían rituales y juraban guardar los secretos so pena de muerte. Estaban divididos en dos facciones: la civil, para protestas pacíficas, y la militar, para las revueltas. Debido a ello, los carbonarios eran persegui-

Giuseppe Mazzini recibió el sobrenombre de "el alma de Italia" y tuvo el dudoso honor de ser el fundador de la Mafia.

dos por las autoridades y en 1931 Mazzini fue detenido y pasó unos meses en la cárcel.

Mazzini estaba en desacuerdo con las tácticas de los carbonarios, que eran más agitadores que conspiradores. Es así como entró en contacto con los illuminati, que le ofrecieron un plan más acorde con sus planteamientos. Para propagar la unificación, creó una sociedad secreta, La Joven Italia, que tenía por objetivo lograr la reunificación italiana. El gran héroe de la reunificación, Giuseppe Garibaldi, también perteneció a La Joven Italia.

Ideales illuminati

Su planteamiento era nacionalista, pero a la vez recogía el ideal illuminati de crear un gobierno internacional. En el libro *Mazzini*, escrito por Denis Mark Smith en 1994, publicado por la Universidad de Yale y reseñado en Wikipedia, podemos leer: "En la primavera de 1834, mientras se encontraba en Berna, Mazzini y una docena de refugiados de Italia, Polonia y Alemania fundaron una nueva asociación con el nombre grandioso de La Joven Europa. Su idea básica y grandiosa era que, así como la Revolución Francesa de 1789 había expandido el concepto de libertad individual, ahora era preciso otra revolución para conseguir la libertad nacional; y su visión iba aún más allá porque él tenía la esperanza de que en un futuro no muy lejano las naciones libres se asociarían formando alguna forma de una especie de Europa federal para regular sus intereses comunes. [...] Su intención no era otra que modificar el orden de Europa que había sido acordado en el Congreso de Viena en 1815, que había restablecido una hegemonía opresora de unas pocas potencias y bloqueado la emergencia de naciones más pequeñas. [...] Mazzini esperaba, aunque sin demasiado convencimiento, que durante su vida pudiera ver concretada su visión de una asociación naciones independientes. En la práctica La Joven Europa no poseía ni fondos monetarios ni apoyo popular que le garantizaran más que una breve existencia. Aun así, él siempre permaneció fiel a un ideal de un continente unido para el cual la creación de naciones individuales era un paso preliminar indispensable".

Analicemos este escrito. Por una parte, parece una predicción de lo que será la Unión Europea, en cuya constitución algunos ven la mano illuminati. La frase "su intención era modificar el orden de Europa" deja claro que hay la intención de instaurar un Nuevo Orden Mundial. Para esta sociedad secreta, cualquier cambio político representa una posibilidad.

Por último, la frase: "Era un paso preliminar indispensable" nos habla de un plan por fases que tiene que ejecutarse. Es el *modus operandi* de los illuminati.

El ideal de Mazzini de que aquello sucedería tan rápido que él mismo podría vivirlo, enlaza con los sueños de Adam Weishaupt, fundador de los illuminati, que también confiaba en que él vería los frutos de la conspiración que preparaba. Como se verá en el capítulo siguiente, esa premura por recoger los frutos de sus acciones que tenían en los primeros tiempos, dejará paso a un plan a largo plazo. Mazzini será informado de ello en 1871, pero de esto hablaremos más adelante.

Así que Mazzini propició y participó en varios alzamientos en los que buena parte de sus compañeros fueron ejecutados. Sin embargo, pese a que él también fue sentenciado, las influencias illuminati siempre le salvaron en el último momento de la muerte. Finalmente, tuvo que exiliarse, primero a Suiza y después a Gran Bretaña, donde siguió con su plan entrando en contacto con las logias británicas y conspirando para lograr sus objetivos.

El joven general Giuseppe Garibaldi, que militaba en La Joven Italia y que dio años después la victoria a la causa de la reunificación, era un ferviente admirador de Mazzini. Es así como lo reflejan los libros de historia, pero había algo más. Era también compañero de logia y compartía los planes illuminati.

¿Enfrentamientos fingidos?

Tras muchos fracasos, se consiguió la unificación, pero según los historiadores Mazzini nunca estuvo de acuerdo. Él perseguía una república liberal, y el rey de Piamonte-Cerdeña, Víctor Manuel II, se apropió del movimiento para coronarse monarca de la nueva Italia reunificada. Su primer ministro, el conde de Cavour, no tenía buena sintonía con Mazzini y le fue desplazando del proyecto. Pero, aquí viene lo curioso, el conde de Cavour era también illuminati. ¿Por qué estaban enfrentados si seguían el mismo plan?

Los illuminati tienen la consigna de crear enfrentamiento, de fomentar dos posturas opuestas. De este modo, se podrían utilizar a los partidarios de una y de otra y la sociedad secreta siempre saldría ganando. Por lo tanto la confrontación de Mazzini y Cavour podría ser impostada. Y el hecho de que ganara Cavour y se instaurara una monarquía cuando los illuminati defendían la república también estaría dentro del plan. Al imponerse la monarquía, el descontento de los que se oponían a ella crecería y esa base de republicanos, convenientemente manipulados, podían gestar el siguiente cambio político hacia el Nuevo Orden Mundial.

Aquí cabe destacar también el enfrentamiento entre Garibaldi y Cavour que podría responder a una puesta en escena que se apuntara a la misma estrategia. El propio Mazzini explica en su libro *Sobre la unificación italiana* sus divergencias. "Garibaldi sigue la vía directa; Cavour la oblicua. El primero está inspirado por la lógica de la revolución; el otro adopta deliberadamente la táctica oportuna para conseguir

Giuseppe Garibaldi (1807-1882), otro ilustre más que probable miembro de los illuminati, fue uno de los principales líderes y artífices de la unificación de Italia.

reformas […] Surgido de la aristocracia del país y aristocrático por naturaleza, escéptico, sin fe, sin teoría, sin sabiduría excepto aquella sacada de Maquiavelo, de los intereses, Cavour no cree en el pueblo, no ama al pueblo. Nacido del pueblo, democrático por hábitos, educado en La Joven Italia en el culto de las ideas, de los principios, Garibaldi ama al pueblo y cree en él. Cavour, pues, aborreciendo la intervención popular está constreñido a buscar en otra parte un apoyo a su propia obra; y lo busca en una potencia extranjera […] Garibaldi busca la propia fuerza en Italia, en su pueblo, en la admirable actitud guerrera de su juventud, en su sed de patria, en la potencia impulsora de la insurrección, en la fuerza de un país llamado a salvarse a sí mismo".

Las dos posturas son irreconciliables y resulta sospechoso que dos reconocidos illuminati abanderaran ideologías tan dispares. Pero recordemos de nuevo que los illuminati no tienen ideología. Su agenda política apunta a la economía como fin y medio. Las dos posiciones "el revolucionario con el apoyo del pueblo" y "el estratega que busca el apoyo de una potencia extranjera" son útiles para sus objetivos. Cavour, que siempre mantuvo que el gobierno debía ser dirigido por una elite (concepto muy illuminati) consigue el apoyo internacional y le confiere seguridad al capital para que fluya. Garibaldi tiene el poder del pueblo capaz de gestar revoluciones. Juntos, aunque de cara a la galería formalmente enfrentados, les conceden a los illuminati dos poderosísimas armas para lograr sus metas.

Mazzini y la Mafia

Giuseppe Mazzini murió orillado por sus adversarios políticos pero pasó a la historia como "el alma de Italia" y como uno de los fundadores del nuevo estado. Sin embargo, hay pruebas que ensombrecen su imagen y que lo relacionan directamente con la creación de la Mafia.

Su influencia es tal que algunos estudiosos del crimen consideran que el nombre de la organización es un acrónimo de: Mazzini Autorizza Furti, Incendi, Avvelenamenti (Mazzini autoriza robos, incendios y envenenamientos). Otra coincidencia reseñable: los especialistas también apuntan a que el origen de la Mafia se encuentra en los primeros carbonarios sicilianos y ya se ha comentado que Mazzini pertenecía a esta sociedad secreta.

Como hemos comentado, después fundó La Joven Italia y también La Joven Europa, que pretendía algo así como un protofederalismo europeo. Recuperemos las palabras de Denis Mark Smith sobre las intenciones de Mazzini: "En la práctica La Joven Europa no poseía ni fondos monetarios ni apoyo popular que le garantizaran más que una breve existencia".

Para lograr esos fondos para su causa, Mazzini pide a sus seguidores que roben y delincan. Así lo define Jonh Scarlet, en su libro *Scarlet and the beast*, que analiza la guerra entre las logias inglesa y francesa, publicado en 2018: "Los revolucionarios de La Joven Italia necesitaban dinero y para ganarse la vida: robaron bancos, saquearon o quemaron negocios si no pagaban el dinero de la protección y secuestraron personas para obtener un rescate. Así nació el crimen organizado".

La Mafia no es únicamente la unión de un grupo de criminales: funciona como un gobierno paralelo. En las regiones dejadas por la mano del gobierno oficial o con un alto nivel de corrupción que le impide brindar servicios a sus ciudadanos, la Mafia se instaura como su sucedáneo y protege a los suyos e incluso, en muchos casos brinda estructuras sociales como escuelas. Este modus operandi sigue siendo el mismo que emplean en la actualidad las mafias latinoamericanas. Esa dejación de funciones del estado era especialmente remarcable en Sicilia en el periodo anterior a la reunificación, por lo que no es de extrañar que esa sea la cuna de la Mafia.

Alphonse Gabriel Capone (1899-1947), más conocido como Al Capone o Al "Caracortada" Capone, fue uno de los capos más famosos del siglo XX.

Aquí tenemos por tanto dos motivaciones de peso para que los illuminati crearan una escisión criminal: la necesidad de encontrar financiación para sus planes (los habituales benefactores no podían verse implicados en una causa revolucionaria como la reunificación) y la creación de un gobierno paralelo.

Rituales mafiosos

La Mafia posee rituales de ingreso, una férrea jerarquía que se tiene que respetar sin cuestionar, un respeto por las normas y un juramento de silencio. Asimismo, los miembros se protegen entre sí y consiguen ventajas por su pertenencia a la organización.

Estos rituales siguen vigentes hoy en día y (¡sorpresa!) mencionan a sus fundadores. Un artículo publicado en el diario español *ABC* el 18 de noviembre de 2014 difundió y comentó un vídeo que se había grabado en un ritual de iniciación. Las palabras que pronuncia el recién llegado a la mafia calabresa no dejan lugar a dudas: "Bajo la luz de las estrellas y el esplendor de la luna, formo la santa cadena. En el nombre de Garibaldi, de Mazzini y Lamarmora, con palabras de humildad, formo la santa sociedad. Juro renegar de todo mi pasado hasta la séptima generación para salvaguardar el honor de mis sabios hermanos". Una aclaración: Alfonso Ferrero, marqués de La Marmora participó también en la reunificación y pertenecía a los illuminati.

La ceremonia continúa con una liturgia de logia illuminati: incluso existen grados y círculos jerárquicos. Sin juramento de silencio se rubrica con esta frase: "Si os preguntan de quién sois hijo, tenéis que responder: mi padre es el sol y mi madre la luna". También se les advierte de lo que se espera que hagan si contravienen las normas de la organización: "Desde este momento no os juzgan los hombres, os juzgáis vosotros mismos. Si habéis cometido una falta grave, vosotros mismos juzgáis qué camino seguir: o suicidarse con cianuro o dispararse con el revólver. Debéis reservar siempre una bala del cargador. Esa última bala es para vosotros".

La obtención de este vídeo fue increíblemente reveladora. Se había acusado de conspiranoicos a los que hablaban de este tipo de rituales y la policía solo sabía de ellos por algunos mafiosos arrepentidos que no contaban con su total credibilidad. Pero esa es la prueba irrefutable de que la Mafia opera como una logia. Y que Mazzini está ligado a su creación.

Aún no nos despediremos de Giuseppe Mazzini, porque en el siguiente capítulo nos reencontraremos con él. Fue el destinatario de unas cartas que desvelaron los planes de los illuminati para imponer el Nuevo Orden Mundial.

GIUSEPPE GARIBALDI:
EL INFILTRADO ILLUMINATI

El héroe de la unificación italiana era un marinero que había recorrido el Mediterráneo sorteando los ataques de los piratas. En 1833, regresó a Italia y en la sociedad secreta La Joven Italia, una "sucursal" de los illuminati, conoció a Mazzini, que le encargó infiltrarse en la marina de guerra saboyana para propagar las ideas revolucionarias. Tras una revuelta fue descubierto y tuvo que huir a Brasil. Allí siguió en contacto con las logias illuminati y participó en la independencia de la provincia de Río Grande, donde fue herido. Después apoyó a los uruguayos en su guerra contra Argentina, creando la Legión Italiana, compuesta por exiliados de su país.

En 1848 estallaron las revueltas en Italia y la logia le pidió que regresara a su país para liderar la batalla por la unificación. Siguiendo los ideales anticlericales de los illuminati, en 1849 tomó los Estados Pontificios y expulsó al Papa. Las tropas francesas atacaron a los revolucionarios y restituyeron al pontífice en el gobierno. El militar tuvo que huir a Venecia y posteriormente a Tánger, Liverpool y recalar finalmente en Nueva York, donde trabajó en la fabricación de velas.

En 1857 se le permitió volver a Niza, su ciudad natal, donde continuó la lucha por la unificación y contra los franceses que habían invadido varios territorios italianos. Con un ejército de 1.000 hombres mal armados consiguió vencer a un ejército francés mucho más numeroso. Y después tuvo que tomar una de sus decisiones más amargas (seguramente provocada por la presión de los illuminati): entregar los territorios conquistados al rey Victor Manuel II. Él hubiera querido establecer una república, pero la sociedad secreta le ordenó que siguiera sus dictados.

CAPÍTULO 10

EL ARMA ILLUMINATI: LAS GUERRAS MUNDIALES

Los illuminati se han caracterizado por esconder hábilmente sus planes, pero cometieron un error que los puso en evidencia: una carta entre dos miembros de la Orden en la que especifican que provocarán tres guerras mundiales. No se trata de una leyenda ni de un documento de dudoso origen: se escribió en 1871, estuvo custodiada en el Museo Británico de Londres y fue copiada por un oficial naval canadiense. Sin embargo, en la actualidad tanto el original como la copia han desaparecido misteriosamente del catálogo.

Ese oficial se llamaba William Guy Carr (1895-1959) y no estaba allí por casualidad, llevaba tiempo tras aquel documento que sabía que sería revelador, aunque ni él mismo calculaba hasta qué punto. Había ido a buscar aquella misteriosa carta porque era uno de los investigadores y escritores sobre conspiraciones más influyentes de su época. Su obra *Los peones en el juego* reveló verdades incómodas que pusieron el foco de atención sobre lo que nadie quería ver: los complots y los gobiernos en la sombra. De hecho, el famosísimo autor de *best-sellers*, Dan Brown, tras el éxito de *El Código da Vinci* escribió *Ángeles y Demonios*, un libro que habla de los illuminati y en el que asumió buena parte de las premisas que exponía Carr.

La carta fue escrita por el estadounidense Albert S. Pike (1809-1891), líder de los illuminati de Estados Unidos a su homólogo Europeo, Giuseppe Mazzini, al que conocimos en el pasado capítulo.

Las dos primeras partes del plan se han cumplido al pie de la letra. ¿Cómo podían en 1871 hablar de la Revolución Rusa o de la ascensión de fascismo? Pike no podía ver el futuro, lo que hacía era crearlo meticulosamente. Y aún hay un hecho que aún está por llegar y que es el más inquietante de todos los descritos en la correspondencia: la III Guerra Mundial, definida con profusión de detalles como se verá más adelante.

El enigmático Albert S. Pike

Cuentan que el futuro autor del plan que se saldaría con dos guerras mundiales y quién sabe si otra por llegar, destacó por su inteligencia desde la infancia. Se cree que era capaz de leer y escribir en dieciséis lenguas. Este punto no ha sido demostrado, pero sí se ha constatado que a los quince años, gracias a un aprendizaje autodidacta fue admitido en la prestigiosa universidad de Harvard. Pero su familia no podía asumir el coste, así que Pike fue ahorrando a la vez que se sacaba la carrera de Derecho en una universidad más modesta.

En 1847 obtuvo la carrera de Derecho y publicó varios manuales bajo pseudónimo. Diez años después participó en la guerra mexicano-estadounidense formando la parte de la caballería en dos batallas. Tras la contienda, Pike ingresó en la logia de Little Rock, donde tuvo un ascenso meteórico gracias a su implicación: de 1850 a 1853 alcanzó el grado 10, algo inusitado en la masonería. En 1959 ostentaba el grado 33 y se convirtió en la máxima autoridad de los illuminati.

Participó en el bando sureño durante la Guerra de Secesión en 1861 y fue detenido en dos ocasiones por traición sin que haya documentación sobre las causas y sobre cómo fue absuelto. Lo que sí está documentado es que al final de la guerra huyó a Canadá, donde subsistió con el apoyo económico de la logia hasta que en 1865 fue indultado por el presidente Andrew Johnson. Curiosamente el mandatario también era masón y algunos testimonios aseguran que no solo le concedió el perdón si no que mantuvo una larga reunión con él.

A partir de entonces, se instaló en Washington, el centro del poder político, donde ejerció de editor de un diario y de abogado. En esa época estudió diferentes disciplinas esotéricas, que incluyó obras sobre la masonería, todas ellas de referencia. Paralelamente ingresó en el Ku-Klux Klan y fue caballero de esta racista sociedad secreta.

Cuando Pike tenía 62 años escribió la carta a la que nos referimos al principio y que revelaba los planes illuminati. Y el receptor de la misma era también

Albert Pike luciendo orgulloso símbolos masónicos e illuminati.

otro oscuro personaje Giuseppe Mazzini, que como vimos anteriormente había movido muchos y truculentos hilos de la historia.

La amistad entre los dos illuminati fue profunda y tenía un componente esotérico. Pike estaba convencido de que Mazzini le inspiraba y le ayudaba a conectar con la Sabiduría Divina. Era, como él mismo lo definía, su "espíritu guía". Tal vez por ello sintió la apremiante necesidad de compartir con Mazzini sus planes y cometió la única indiscreción documentada en la historia de la sociedad secreta.

El secretismo oculta el engaño

Pike comenta con Mazzini la importancia que supone guardar el más absoluto secreto y no revelar nada a los iniciados hasta que escalen grados en su organización. "La verdad transcendental es demasiado importante para que sea conocida por todo el mundo. Los masones de grados inferiores simplemente tendrán el derecho a saber aquello que nosotros queramos comunicarles, y los grandes secretos estarán reservados para los grandes iniciados", apunta en la carta.

A los recién llegados a la Orden no se les notifican estos planes porque seguramente se asustarían. Provocar tres guerras mundiales que devastarían el mundo no es una idea fácilmente aceptable. Los illuminati saben que el cambio de valores es un proceso lento, que se inicia aceptando ideas sin demasiada importancia que antes se rechazaban.

Cuando el iniciado llegaba a estas grandes revelaciones, habitualmente ya se había implicado en acciones que la sociedad podía utilizar en su contra. Sabían que si hablaban más de la cuenta su carrera o su vida personal se arruinaría.

Por qué buscan la guerra

¿Qué es lo que obtiene la sociedad secreta con los conflictos bélicos? Las guerras desde un punto de vista financiero son rentables. Cualquier conflicto genera oportunidades económicas. Las guerras, además, fomentan el miedo y la obediencia, lo que resulta un caldo de cultivo indispensable para imponer el dominio de una elite. La pobreza que genera un conflicto armado entre la población que permite que el poder se asocie al dinero, que es lo que tienen los illuminati. En épocas de carencias, la plutocracia basada en la riqueza es un proceso casi natural que no provoca apenas protestas.

Pero la razón principal por la que esta sociedad secreta tiene como objetivo el estallido de conflictos bélicos es porque así aceleran la llegada del Nuevo Orden Mundial. Los illuminati son seguidores de la dialéctica hegeliana de la historia. Según esta teoría, la historia avanza por la dialéctica, es decir la confrontación. El sistema político de un país genera una oposición que va creciendo hasta que se enfrenta a él y entonces se impone un nuevo régimen. Por tanto, si se quiere hacer avanzar la historia es necesario apoyar esa oposición y conseguir que la guerra llegue lo antes posible. Y eso es lo que hicieron para que estallara la I Guerra Mundial.

La I Guerra Mundial cambia el mundo

La Gran Guerra (1914-1918) fue el conflicto más devastador que había vivido la humanidad. El 60% de combatientes perdieron la vida, unos ocho millones de personas, y 6,6 millones de civiles murieron. El orden mundial había cambiado: ya no se trataba del enfrentamiento de unos pocos países, si no de las principales potencias occiden-

DIALÉCTICA HEGELIANA

El filósofo Georg Wilhelm Friedrich Hegel (1779-1831) fue el primero en analizar la Historia desde un punto de vista universal. Hasta el momento solo se trataba la historia de naciones específicas, de personajes históricos o de etapas concretas. No se entendía que el mundo estuviera interrelacionado y que las etapas de la Historia se sucedieran por razones lógicas. Tampoco se contemplaba el concepto de pueblo. Esta aportación es de gran utilidad para los illuminati que adoptan este universalismo y que quieren influir en esos procesos que hacen avanzar la Historia para conducirla donde ellos quieren.

Hegel mantenía que siempre había una tesis, un sistema político imperante y este generaba una antítesis, que era una oposición. De la confrontación entre ambos surgía una síntesis, que era una nueva etapa histórica. En el momento en que se consolidaba se convertía en una nueva tesis que contenía una nueva antítesis. Esa era la forma en la que la Historia avanzaba hacia el progreso.

Hegel entendía que esos enfrentamientos producían las guerras. Estas eran ineludibles y de algún modo ayudaban a la humanidad a avanzar a un estadio superior. El fin de la Historia para Hegel sería un estado en que los hombres habían alcanzado la libertad absoluta, porque toda la evolución de la Historia se encaminaba a ello. Los illuminati tenían claro que no querían aquel final para su historia: aspiraban a llegar a un gobierno de elites en que hubiera paz y prosperidad porque todos seguirían sus órdenes.

tales alineadas en dos bandos y batallando hasta dejar el mundo en llamas. La guerra no afectó únicamente a Europa, pues se extendió a las colonias de África, Asia, Oriente Medio y Australia. Además de la cantidad de países implicados, se le ha de sumar el armamento mucho más sofisticado y letal que en reyertas anteriores. Solo así se entiende que nunca antes una guerra había sido tan destructiva.

Las razones que argumentan los libros de Historia fueron la tensión entre dos bloques. La triple entente, compuesta por Gran Bretaña, Francia, Rusia y posteriormente Italia, y la Triple Alianza de Alemania, el Imperio Austrohúngaro e Italia, aunque esta última se cambió de bando. Ambos competían por las colonias, por salidas al mar que facilitaran sus negocios y habían tejido una red de alianzas con países estratégicos para perjudicar a su enemigo.

La tensión iba en aumento y la mayoría de diarios de la época consideraban la guerra como inevitable. Esta concepción fue azuzada por los illuminati, que contribuyeron a la crispación que trasmitían los diarios. Y estalló. El asesinato del heredero al trono austrohúngaro a manos de un nacionalista serbio-bosnio en su visita a Serbia hizo que este imperio culpara a Serbia y le declarara la guerra. Rusia defendió a este país, que era su aliado, y rápidamente la entente se puso de su lado y la Alianza respaldó a Austro-Hungría. La guerra había empezado.

El asesinato del heredero fue lo que en historia se conoce como *casus belli*: una excusa que permite a un país declarar la guerra a otro que ya era su enemigo y con el que quería confrontarse. La guerra podría haberse evitado con una negociación diplomática, pero los illuminati infiltrados en los diferentes gobiernos empujaron a los países europeos al conflicto armado.

La verdadera razón de la guerra

Hasta aquí lo que nos han contado los libros de Historia, la verdad que se nos ha mostrado y que hemos abrazado como cierta. Pero, ¿y si esta no hubiera sido la razón?

Esta es la inquietante conclusión a la que se llega al leer la carta de Albert Pike en la que cuenta porqué esa sangrienta destrucción era necesaria para los planes de los illuminati. Según afirma: "La Guerra debe propiciarse para permitir a los illuminati derrocar el poder de los Zares de Rusia y hacer de ese país una fortaleza del ateísmo comunista. Las divergencias causadas por los agentes de los illuminati entre los Imperios Británico y Alemán se usarán para fomentar esta guerra. Al final del conflicto, el comunismo se erigirá y usará para destruir a otros gobiernos y para debilitar a las religiones".

De ser esto cierto, la razón del conflicto no estaría ni siquiera entre los bandos en guerra. La muerte y la destrucción que causó sería solo un escenario que los illuminati propiciaron para lograr que la Historia discurriera por donde ellos querían. Los especialistas consideran que además de conseguir que un estado comunista destruyera gobiernos y debilitara religiones, había una soslayada intención. Siguiendo la dinámica de la confrontación hegeliana descrita en el anterior capítulo, los illuminati necesitaban crearle un enemigo. Querían que la tesis (el capitalismo incipiente) tuviera una antítesis (el comunismo) para que la confrontación de ambos creara una síntesis, que se convertiría en tesis y generaría una nueva antítesis. Visto desde el cínico prisma illuminati, la I Guerra Mundial fue un éxito.

El pacto entre Lenin y el Káiser

El descontento de los trabajadores rusos por las derrotas en la guerra que empobrecían aún más sus precarias condiciones de vida provocó una revuelta en febrero de 1917 en San Petersburgo. Pero ya vimos por la Revolución Francesa que las revueltas nunca son espontáneas y en esta se ve la mano de la sociedad secreta. Los militares que debían sofocar la revuelta finalmente se suman a los protestantes (de nuevo una acción sospechosa de ser orquestada) y el Zar, incapaz de hacer frente a la situación, abdicó.

Vladímir Ilich Uliánov, alias Lenin, fue un político, revolucionario, teórico político, filósofo y comunista ruso, además de reconocido masón. Líder de los bolcheviques del Partido Obrero Socialdemócrata de Rusia, se convirtió en el principal dirigente de la Revolución Rusa en octubre de 1917.

En ese momento, el Káiser Guillermo II de Alemania toma una decisión sorprendente. Prepara un tren blindado en el más absoluto secreto para que Lenin, que estaba exiliado en Suiza, y otros 31 revolucionarios lleguen Rusia. La versión oficial es que el Káiser pretendía desestabilizar a su enemigo con una guerra civil y así concentrar sus fuerzas en los otros frentes. Lo que no explica esta versión es que Guillermo II había sido iniciado en la masonería alemana de joven y ocupaba diferentes cargos en las logias germanas y prusianas y en los illuminati. Y que Lenin también era masón.

Gobierno en la sombra

Con la llegada de Lenin a Rusia se establece una dualidad de poderes. El país tiene un gobierno provisional, que sigue la estructura clásica y que encabezan adinerados miembros de la burguesía más liberal. Pero por otra parte, los sóviets, que eran grupos de trabajadores bolcheviques, establecieron un poder paralelo mucho más radical controlado por Lenin.

A nadie se le escapa que la organización de pequeños grupos que siguen las órdenes de otros que tienen un plan general es muy similar a la de las logias. El papel de los sóviets fue tan decisivo en la Revolución Rusa que el nuevo estado resultante se llamó: Unión de Repúblicas Soviéticas. Y, curiosamente, volvió a ser la I Guerra Mundial, tal y como vaticinó Pike, la que le dio la victoria a los bolcheviques. Cuando el gobierno provisional se negó a firmar la paz con Alemania, los sóviets liderados por Lenin tuvieron la excusa perfecta para derrocarlo, lo que desembocó en una guerra civil. Los bolcheviques firmaron la paz con Alemania para enzarzarse en su revolución que ganaron en 1923. La guerra fratricida se saldó con siete millones de muertos.

Al final se cumplió el objetivo de los illuminati: el capitalismo tenía un enemigo que posibilitaría sustanciosos enfrentamientos. Además de los países europeos que se anexionaron al bloque soviético, las revoluciones comunistas estallaron en China y en países africanos y latinoamericanos y supusieron nuevas guerras y ganancias. Con la Revolución Comunista se habían hecho un ensayo general de cómo instaurar un nuevo régimen en un país.

Mucho tiempo antes...

Sin embargo, la explosión de la Revolución Rusa no hubiera sido posible sin la teorización del comunismo. Eso ocurrió en Inglaterra, en 1848 cuando se publicó *El Manifiesto comunista* firmado por Karl

Marx y Friedrich Engels. Las teorías de los dos economistas fueron providenciales para los illuminati, pues reflejaban su ideario anticlerical, antimonárquico y en contra de la propiedad privada.

No es casualidad que los illuminati estuvieran tras la escritura del texto. William Josiah Sutton en *Illuminati 666* (publicado en 1983) asevera: "Dos cheques extendidos a Karl Marx por Nathan Rothschild, ha sido archivados en el Museo Británico". Paul H. Koch añade más información en *Illuminati* de 2005: "El dato que no suelen recoger las enciclopedias, aunque los originales se guarden en las colecciones de documentos del British Museum, es que fue Nathan Rothschild quien firmó los cheques de la llamada 'Liga de los Hombres Justos', con los que Marx fue gratificado por la elaboración de sus famosas obras".

Esos dos cheques demuestran una relación contractual y coinciden en el tiempo con la escritura de *El Capital*. El pago de Rothschild a Marx está probado. De hecho, ya en su momento la relación del magnate y del teórico comunista levantó ampollas entre los camaradas del autor. En especial a Mikhail Bakunin que, en la *Carta a los internacionales de Bolonia* (1871), hace una feroz crítica antisemita que le lleva a afirmar: "Yo sé que los Rothschild, como reaccionarios que son, aprecian mucho los méritos del comunista Marx y, a su vez, el comunista Marx se siente inevitablemente arrastrado, por una atracción instintiva y una admiración respetuosa, en la dirección del genio financiero de los Rothschild".

¿Qué relación mantenían Marx y Rothschild? Algunos afirman que eran primos terceros. Marx trabajó en su Prusia natal de espía, y al ser descubierto, huyó a Inglaterra donde

Está comprobada la relación entre Karl Marx y el magnate Rothschild. Este último financió la publicación de El manifiesto comunista.

los Rothschild lo acogieron en su mansión y le ayudaron económicamente para que escribiera el libro. La relación familiar no está documentada.

Las revoluciones tienen que ser violentas

Diferentes teorías tampoco documentadas expuestas por diferentes autores repiten hipótesis que podrían aclarar el misterio. El rabino Marvin Antelman asegura que los illuminati son los "hacedores" del comunismo, el nazismo, el sionismo y el Nuevo Orden Mundial.

Los illuminati necesitaban ideas revolucionarias que fueran la semilla de la antítesis que posibilitaría enfrentamientos. Jüri Lina, un ensayista estonio afincado en Suecia que ha hecho varios estudios de los archivos soviéticos, recoge en el libro *Bajo el Signo del Escorpión*, que Mosses Hess, fundador del sionismo, pertenecía a los illuminati y pudo ser quien introdujo a Marx y a Engels en la sociedad secreta. Estos tres "fichajes" les proporcionarían las dos ideologías que garantizarían guerras y el camino hacia el Nuevo Orden Mundial. "La liga de los justos", a la que hace alusión Koch, era una logia que posteriormente se trasformó en partido político para no levantar sospechas. Esta logia debate la concepción hegeliana de la Historia que tanto influyó en Marx. Además de adaptarla a sus escritos, también justificó el enfrentamiento bélico: "La violencia es la partera que ayuda a una nueva sociedad en el forcejeo para salir del útero de la antigua", mantenía el autor.

Si creemos pues que las teorías comunistas fueron impulsadas por los illuminati y que estos consiguieron desencadenar la I Guerra Mundial para que tuviera lugar la Revolución Rusa, el plan de Pike se ejecutó a la perfección. Pero esa era únicamente la primera parte. Aún quedaban tres más por completar.

LA MISTERIOSA ESTATUA DE ALBERT S. PIKE

El Gran Maestre illuminati era también un destacado miembro del Ku-Klux Klan, pero aún así en 1901 se erigió una estatua suya en Washington, donde solo 19 soldados sureños recibieron este honor. A la sazón, Pike había sido juzgado por traición, por lo que aún resulta más extraño este reconocimiento.

En 2020, una multitud que protestaba por la muerte del afroamericano George Floyd bajo la custodia policial derribó la estatua. No fue un acto premeditado: llevaron cuerdas y le prendieron fuego. La policía no intervino y se limitó a apagar el fuego, lo que indignó al entonces presidente Donald Trump, que tuiteó: "Estas personas deberían ser detenidas de inmediato. ¡Qué vergüenza para nuestro país!".

Resulta extraña la reacción del presidente, que se lamentaba por la destrucción de una estatua cuando había estallado un conflicto racial de consecuencias imprevisibles que han dado lugar a todo tipo de especulaciones. Que el objetivo fuera la estatua de Pike es un misterio que aún no se ha resuelto.

CAPÍTULO 11
LA II GUERRA MUNDIAL NO ES LO QUE PARECE

La I Guerra Mundial destruyó el orden planetario tal y como se conocía hasta aquel momento. La posibilidad de que todo podía perderse de un día para el otro quedó enquistada en la psique de la población y la oportunidad de desbaratar un sistema para imponer otro espoleó aún más los propósitos illuminati.

El mundo se había convertido en un tablero de ajedrez y la sociedad secreta movía las piezas a su antojo. De un plumazo habían desaparecido los cuatro imperios centrales: el alemán, el ruso, el austrohúngaro y el otomano. De sus restos nacieron nuevos países que redibujaron el mapa.

Pero nadie quedó contento. Las nuevas potencias se anexionaron los territorios que cansados de ser dominados por unos o por otros, avivaron sus aspiraciones nacionalistas. La industria que se había concentrado en la producción militar se precipitó en una crisis que se alargó hasta 1924. La deuda pública de todos los participantes alcanzó cotas nunca vistas.

Gran parte del territorio y la economía de los países participantes de la I Guerra Mundial quedó arrasado por la contienda.

Los países pierden, los illuminati ganan

Los ganadores quedaron destrozados por las muertes y la destrucción: Francia perdió un 30% de su riqueza, Reino Unido un 32% e Italia un 26%. No se puede decir que obtuvieran un botín de guerra que compensara seis años de penurias. El único de los vencedores que salió reforzado fue Estados Unidos, que incrementó sus beneficios con los préstamos para la reconstrucción de la vieja Europa. ¿Y quién los concedió? Los illuminati, para los que la guerra siempre resulta un lucrativo negocio.

Los perdedores salieron peor parados, en concreto Alemania, que además del fiasco de su economía, se enfrentó al de su identidad: se recortaron sus territorios y los ganadores la aplastaron con medidas sofocantes. La firma del armisticio fue una humillación sin precedentes que abrió las puertas del gobierno al fascismo.

La Unión Soviética alcanzó su sueño comunista, pero tras una cruenta y devastadora guerra civil, convirtió sus buenos propósitos en una dictadura en la que más que repartirse la riqueza se compartía la represión. El comunismo difícilmente habría ganado la guerra si no hubiera sido por las ingentes cantidades de dinero que les inyectaron los illuminati. Y tampoco sin que los zares se quedaran sin la ayuda de sus aliados porque estos estaban enzarzados en una guerra que había fraguado la sociedad secreta.

Habían invertido mucho en lograr la "antítesis" del comunismo, que haría avanzar la historia hacia sus objetivos y no podían pararse ahora. Porque la Unión Soviética no solo debía ser un estado comunista, sino una amenaza para el resto del mundo. Las atroces tácticas de Stalin y el temor a que algo así pudiera suceder en otros países convirtieron al comunismo en el ogro de Occidente. Para eso había sido creado: para temerlo de tal manera que cualquier forma de pararlo fuera rápidamente aceptada. Y eso es lo que ocurrió con el nazismo.

Fabricantes de ideologías

Como se vio en el capítulo anterior, los illuminati no dejaban ni un detalle al azar. Para conseguir la constitución de un estado comunista en Rusia tuvieron previamente que impulsar la teorización del comunismo. También lo hicieron con el sionismo.

Esa fábrica de ideologías illuminati debía ahora encontrar una nueva ideología que contraponer al comunismo y es ahí dónde surge el nacionalsocialismo. Debía fabricar el nazismo y auparlo al poder para lograr una nueva guerra. ¿Con qué finalidad? En breve responderemos a esta pregunta, pero ahora nos sumergiremos en el proceso de creación de la ideología que sumió a Europa en la barbarie y que empezó antes de que Hitler abriera la boca.

El concepto de raza aria se fue gestando durante años. En 1905, la revista austríaca *Ostara* recuperó este término, que hacía referencia a los primeros pobladores de la India y Asia menor y que sería equiparable a indoeuropeo. Pero el significado que le dio fue completamente diferente: designaba a una raza superior, de hombres y mujeres blancos y rubios, y alertaba de los peligros de mezclarse con "los oscuros". Uno de los ganchos de la revista eran los relatos de corte erótico en los que hermosas germanas rubias caían en las garras de libidinosos "oscuros". Así se refería *Ostara* a los negros, a los eslavos y a los judíos, retratados como taimados y simiescos seres que, llevados por su voraz apetito sexual, anhelaban contaminar la "pura" sangre aria.

Además del acicate picante, la revista victimizaba a los arios, sometidos a los "oscuros" y privados de la riqueza que les pertenecía.

La iconografía nazi

La revista también presentaba símbolos que después fueron adoptados por el nazismo, como la esvástica y las antiguas letras germánicas. Detrás de la publicación estaba Jörg Lanz von Liebenfels y la Ordo Novi Templi, una sociedad secreta fundada por él mismo que se extendió por Hungría, Austria, Alemania y Suiza. Los especialistas sostienen que los illuminati estaban detrás de esta y otras sociedades similares que lentamente inculcaron una ideología a la sociedad que desembocó en la eclosión del nazismo. Adolf Hitler era seguidor de esta agrupación de la que copió buena parte de su discurso. Esta Orden ayudó con influyentes contactos la carrera política del futuro genocida.

Otra logia surgió a finales del siglo XIX en Baviera: la Germaneorden, con unos principios antisemitas muy marcados. Declararon que querían organizarse como los illuminati, que también habían nacido en Baviera, pero a nadie se le escapaba que eran infiltrados de esta sociedad secreta los que movían los hilos. Los discursos de su fundador, Ruldof Von Sebotendorf contienen conceptos que Hitler rescató en su *Mein Kampf*, el libro en el que fijó su xenófoba ideología. Aglutinó a 300 adeptos que se multiplicaron con el estallido de la guerra. Pero no nos fijemos en la cantidad, si no en la calidad pues sus iniciados ocupaban puestos de máxima responsabilidad.

El fundador de esta organización acabó por abandonándola para crear la famosa sociedad Thule, racista y ocultista, que fue la que financió el Partido Obrero Alemán que por obra y gracia de Hitler pasaría a convertirse el Partido Nacionalsocialista. Ya tenemos una conexión que podría explicar cómo los illuminati patrocinaron a Hitler.

Nuevas sociedades secretas orquestadas por los illuminati crearon el caldo de cultivo de la

La revista protonazi Ostara *abogaba por una superioridad racial del "puro" alemán frente a otras razas.*

xenofobia y el antisemitismo. Pero no solo lo hicieron en Europa. La ascensión del nazismo fue posible gracias al capital estadounidense. El filósofo y profesor universitario estadounidense Gabriel Rockhill lo constata: "Empresas como General Motors, Rockefeller, etc., financiaron el ascenso del fascismo, particularmente en la Alemania nazi". Recordemos que tanto General Motors como Rockefeller están en el epicentro de la organización illuminati.

Así pues, contamos con indicios que sitúan a los illuminati en la manipulación que acercó a la sociedad germana al nazismo y también en la financiación de su ascenso. ¿Qué es lo que pretendía la sociedad secreta con este movimiento?

El porqué de la guerra

Albert Pike vuelve a dar una explicación de la razón por la que la cruenta II Guerra Mundial sería útil para la imposición del Nuevo Orden mundial. "Debe fomentarse aprovechando las diferencias entre los fascistas y los sionistas políticos. Esta guerra debe realizarse para que el nazismo sea destruido y el Sionismo político salga lo suficientemente fuerte como para crear un estado soberano de Israel, en Palestina".

Seis millones de judíos murieron en las terribles condiciones de los campos de exterminio, acompañados de cinco millones de gitanos, homosexuales y otras etnias o grupos sociales. Y según Pike, sus vidas fueron una anécdota que le acercó a la consecución de su plan. ¿Por qué necesitaban los illuminati que se constituyera el estado de Israel? Este es un tema que trataremos en el capítulo siguiente, pero haremos un *spoiler*: para crear un enfrentamiento ideológico con el Islam que sirviera para sus abyectos fines.

Si consideramos la posibilidad de que los illuminati gestaran el sionismo, como se ha contemplado en el capítulo anterior, se estarían siguiendo al pie de la letra las indicaciones de la carta de Pike. Y se estarían llevando a cabo con mucha premeditación. El estado de Israel se fundó en 1948 y el sionismo arrancó a finales del siglo XIX. Sus tres principales teóricos, Leo Pinsker, Moses Hess y Theodor Herzl, pertenecían a esta sociedad secreta.

Tras la II Guerra Mundial, miles de judíos viajaron a la tierra prometida.

Los illuminati, tras el sionismo y el antisemitismo

El sionismo nace en el siglo XIX a rebufo del movimiento nacionalista que abanderaba el lema "Un pueblo, un estado". Los judíos
llevaban siglos sin tierra, vagando de un país a otro, sufriendo exilio
y persecución. En ese momento y hasta bien entrada la mitad del siglo XX siguieron padeciendo pogromos (linchamientos, destrucción
de sus casas y saqueo de sus bienes) por multitudes vehementes de
los países en los que vivían. En su caso, parecía más necesario que
en ninguno tener una nación propia en la que pudieran vivir en paz.
De hecho, el holocausto nazi demostró lo letal que resultó posponer
esta urgencia.

      ¿Pero dónde podrían ubicar esa nación? Algunos defendían que
debía de ser la Tierra Prometida que aparecía en las escrituras sa-
gradas y que en ese momento estaba ocupada por los palestinos.
Pero dentro del sionismo también hubo posturas que no exigían esa
tierra en concreto e intentaban dialogar con países que les brindaran

una parte de su territorio. Se iniciaron negociaciones con una actitud muy positiva con Uganda, Argentina, Siberia, Australia, Alaska o Canadá entre otros.

Los illuminati conspiraron para conseguir que la propuesta ganadora fuera Palestina, pues si no ubicaban al pueblo judío en esa zona no podían fomentar un futuro enfrentamiento con el Islam. En 1917, justo el año en que empezó la revolución comunista que era otra de las fases definitivas, los partidarios de Palestina recibieron un espaldarazo definitivo gracias a la promesa del gobierno británico de establecer la Patria Judía en el Mandato Británico de Palestina (que había sido uno de los territorios perdidos por el Imperio Otomano durante la I Guerra Mundial) y estaba bajo la administración de los ingleses y la sociedad de naciones.

La promesa se formalizó en la Declaración Balfour y tomó su nombre del ministro de Relaciones Exteriores británico Arthur James Balfour, que pertenecía a una logia masónica. ¿Y a quién dirigió la carta que sellaba su promesa? Pues a Lionel Nathan Rothschild, líder de la comunidad sionista británica a la vez que intrigante illuminati. Y si se la escribía a él era porque el banquero era quien había movido los hilos para que esa propuesta fuera aceptada. *Curiosamente* los Rothschild se encargaron de la construcción del primer oleoducto que transportaba petróleo a Israel a través del Mar Rojo.

La fortaleza de Rusia

Otra de las revelaciones de Pike reza: "el comunismo internacional debía llegar a ser suficientemente fuerte como para equilibrar el poder de la cristiandad, que será limitado después y se mantendrá vivo hasta el momento en el que llegue el cataclismo final".

Sin duda la Unión Soviética salió reforzada de la II Guerra Mundial, aunque pagó un alto precio por ello: 26,6 millones de vidas, el 13,7% de su población. Entre ellos los más perjudicados fueron los judíos: 15 millones. Pero aún así, el país comunista logró en los tratados de Yalta y Postdam que Inglaterra y Estados Unidos le sirvieran en bandeja de plata Europa Occidental. De este modo, sus adversarios ideológicos le dieron carta blanca para anexionarse Kazajistán, Kirguistán, Letonia, Lituania, Moldavia y Estonia.

Esta concesión parece demasiado generosa para alguien que estaba a punto de convertirse en el principal enemigo del capitalismo.

Las nuevas repúblicas soviéticas convirtieron a la Unión Soviética en la potencia mundial que se enfrentaría durante décadas a Estados Unidos, que era justo quien le había dado ese poder. ¿Qué sentido tiene?

La Guerra Fría contribuye al caos

Precisamente ese: fomentar y alargar un enfrentamiento de "tesis" y "antítesis". El conflicto que aporta caos crea la atmósfera ideal para que los illuminati avancen en su plan que les permitirá gobernar el mundo. Parece que la implantación del muro de Berlín, en agosto de 1961, que dividió la ciudad para impedir que los ciudadanos del este escaparan al oeste hasta 1989, fue también una argucia de la sociedad secreta. Este tipo de acciones que truncan radicalmente la realidad de los ciudadanos son sus golpes de efecto favoritos. Los que llevan a pensar a la población que todo es posible y que por lo tanto la preparan para el advenimiento del Nuevo Orden Mundial.

Asimismo, todos los conflictos derivados de este enfrentamiento entre capitalismo y comunismo acaban beneficiándolos económicamente. La Guerra Fría debilitó los gobiernos y provocó un sentimiento de inestabilidad en la ciudadanía, pero la sociedad secreta supo sacarle partido.

Una Unión Soviética con poderío como deseaba Pike también posibilitó otras guerras y revueltas que llevaron a otros países a realizar su tu propia revolución comunista. China y Cuba son los dos ejemplos más claros y en ambos casos, tal y como vaticinaba Pike se limitó (por no decir que directamente se anuló) el poder de la Iglesia. Pero existen muchos países más que tuvieron, con mayor o menor éxito, una revolución comunista en África y en Latinoamérica. Esta región fue estratégica en la confrontación de las dos potencias. Estados Unidos utilizó la "teoría dominó" (que rezaba que si un país caía en manos del comunismo, el resto también lo harían por una especie de reacción en cadena) para intervenir en esos territorios y en su política sufragando a dictadores afines. Mientras, las teorías comunistas enraizaban en el campesinado y en las clases más bajas que después de luchar por una soñada mejora, solían acabar peor que antes. Pero el sufrimiento y la ideología no son cuestiones que preocupen a los illuminati, que tienen dos metas claras: enfrentamiento y enriquecimiento.

Otras huellas illuminati

Volviendo a la II Guerra Mundial, cuyas consecuencias duraron años y definen el panorama actual, aún existen más acciones que por su modus operandi parecen de corte illuminati. Y aunque no hay documentación que lo acredite, destacaremos algunas incoherencias que parecen como mínimo significativas.

Orquestar una guerra no es trabajo fácil. Por muy planificado que se tenga todo, entran en juego muchos actores, muchos intereses y muchas naciones. Por eso siempre es posible que algún detalle se escape, que algún hecho delate la premeditación. Y en la II Guerra Mundial encontramos unos cuantos que repasaremos a continuación.

La participación de las empresas más poderosas estadounidenses vinculadas al movimiento illuminati no se limitó a aupar a Hitler al poder. Continuó durante la contienda: Standard Oil le proveyó de combustible que pasaba por España; General Motors y Ford le proporcionaron vehículos y hasta IBM le envió maquinaria. El profesor universitario y analista histórico Anthony C. Sutton apunta a estas empresas y a General Electric, DuPont, J.P. Morgan y Rockefeller Chase Bank como mecenas de los nazis.

Pero aún hay más hechos históricos que parecen estar guiados por manos negras illuminati. Por ejemplo: ¿por qué Hitler permitió que 338.000 soldados británicos y franceses huyeran de Dunkerque? Tenía suficientes fuerzas para perseguirlos pero se negó ante la estupefacción de sus comandantes. Los illuminati no querían una guerra rápida, sino una sangrienta que les permitiera obtener más beneficios y acercarse más a su plan. Por tanto, era importante prolongar la guerra y si hubieran acabado con la vida de esos soldados, el ejército británico hubiera quedado muy mermado.

La razón inversa fue la que llevó a Stalin a permitir entrar a los alemanes en su territorio. Podría haberlos detenido antes, pero quería que se adentraran para que, convencidos de la facilidad de la conquista, reunieran a más tropas que tuvieran que enfrentarse a sus soldados y al invierno.

Todas estas acciones hicieron que la contienda discurriera por un camino: el marcado por los illuminati. Y cuando acabó, el mundo había quedado tal y como ellos lo habían moldeado. Faltaba mover unos cuantos hilos más para que se pudiera dar la última contienda, la que les daría el poder: la III Guerra mundial.

LA SOSPECHOSA OPERACIÓN
PAPERCLIP

Pocos meses antes de que Hitler se suicidara, los servicios secretos estadounidenses, comandados desde Suiza por Allen W. Dulles iniciaron la operación Paperclip, que consistía en conseguir información por parte de nazis que, viendo cercana la derrota quisieran acercarse a los aliados. De esta forma se obtuvo una lista de espías infiltrados y planos de armamento. Pero rápidamente la operación cambió de objetivo y extraditó a los científicos alemanes que pudieran ayudar a Estados Unidos en sus investigaciones. Una de las normas era que no hubieran participado en crímenes contra la humanidad, pero en algunos casos se pasó por alto este requisito. De hecho, estos científicos fueron de los pocos que no fueron condenados por los tribunales aliados. Por ejemplo, Georg Rickhey, que había trabajado con las SS y la Gestapo, fue absuelto por falta de pruebas y Hubertus Strughold, un fisiólogo que llevó a cabo cruentos experimentos médicos, ni siquiera fue acusado durante los juicios de Dachau.

Algunos de estos nazis acogidos entraron en la NASA, como Wernher von Braun, que diseñó el Saturno V, el cohete que llevaría la nave Apolo 11 hasta la luna. Su hermano, Magnus von Braun, acabó siendo un ejecutivo de la compañía automovilística Chrysler. Otros nazis acabaron en los servicios de inteligencia estadounidenses, por su experiencia con-

En la página anterior, el equipo de científicos de la Operación Paperclip. Sobre estas líneas, Wernher von Braun.

tra los soviéticos, como Reinhard Gehlen, que comandó la operación Gehlen en la que se empleó a más de 400 espías que habían pertenecido al Tercer Reich en contra del comunismo.

La operación Papelclip contó con numerosos detractores, que no vieron con buenos ojos que criminales de guerra nazis se libraran de sus condenas y se infiltraran en la administración estadounidense. Pero el papel de Allen W. Dulles, que acabaría siendo director de la CIA y al que veremos intervenir en el siguiente capítulo en algunos de los momentos más funestos de la historia estadounidense, fue decisivo para acallar las voces disidentes. Allen W. Dulles mantenía una estrecha relación con la familia Rockefeller, principales patrocinadores de la CIA y el brazo ejecutor de los planes illuminati.

Allan W. Dulles.

CAPÍTULO 12
CONSPIRACIÓN PARA PREPARAR LA III GUERRA MUNDIAL

Las dos Guerras Mundiales provocaron millones de muertos y un cambio de mentalidad: el desastre podría sobrevenir en el momento más inesperado. Esta sensación de caminar al borde del abismo se ha sustituido en los últimos tiempos por una similar pero menos cruenta. Los illuminati han sustituido las guerras por crisis y catástrofes que nos conducen irremediablemente hacia el fin de sus planes: la III Guerra Mundial.

Como ya vimos en el capítulo anterior, el único objetivo que tenían los illuminati con la II Guerra Mundial era crear el estado de Israel. Su finalidad era que la confrontación de esta nación con sus vecinos islámicos desembocara en una terrible contienda tras la cual los illuminati lograrían hacerse con el control del mundo.

Las provechosas consecuencias de la II Guerra Mundial para los illuminati

La II Guerra Mundial fortaleció también el comunismo y el capitalismo. En el plano económico, por ejemplo, introdujo un sistema que han quebrado varias veces para originar desestabilizadoras crisis. Una de las herencias económicas del conflicto del siglo pasado fue la aparición del crédito como herramienta habitual de la economía doméstica. Antes de la guerra, lo habitual era el ahorro: cuando una familia o una persona quería adquirir un producto, esperaba a tener el dinero suficiente para poder disfrutarlo. La guerra demostró que la vida no era tan larga y asentó una mentalidad más hedonista que se desarrolló en las generaciones subsiguientes que ya no tenían sobre ellos el fantasma del conflicto armado y que se entregaron con fruición y sin remordimiento al *carpe diem*.

El crédito sustituyó al ahorro: el disfrute de los productos se convirtió en una prioridad que disparó el consumismo, nutrió la maquinaria capitalista y endeudó a los ciudadanos. Los bancos controlaron no solo la economía sino la vida doméstica. Un movimiento suyo, como se vio claramente en la crisis del 2008 podía desencadenar un terremoto de magnitudes insospechadas.

Así que los illuminati emplearon la artillería económica y dejaron la armamentística para conflictos en zonas que consideraban aledañas al sistema capitalista. Siguieron participando en la génesis de conflictos menores a la espera de la gran explosión: la III Guerra mundial que está por venir.

El final de la Historia

En el siglo XVIII varias teorías filosóficas tratan el final de la Historia. Hasta la Ilustración no se incluyó el concepto de progreso, la idea de que la civilización mejoraba y se dirigía hacia un lugar. Las doctrinas anteriores no analizaban la historia como un camino sino como un *status quo*.

Los precursores de este concepto fueron los masones, que perseguían la felicidad de la humanidad. Como ya se ha comentado, las logias no tenían ideología política y tampoco un plan para acelerar la historia. Sus acciones iban encaminadas a que sus miembros avanzaran en su propia perfección que les permitiría alcanzar ese estado.

Una de las características de esa etapa de culminación de la humanidad es que no habría gobierno, pues perdería su razón de ser. Los ciudadanos "perfectos" serían capaces de gobernarse a sí mismos. Es por ello que las acciones conspirativas que se les atribuyen a los masones están controladas por los illuminati, que infiltrados en esta organización la empujan a tomar decisiones políticas.

Este ideal de una humanidad sin dioses ni gobierno está también en el cuerpo de muchas filosofías. Georg Wilhelm Friedrich Hegel, de quien los illuminati toman su concepto de la tesis y la antítesis estaba convencido de que se alcanzaría ese mundo feliz, tal vez utópico, en que la humanidad habría conseguido un grado de libertad total que permitiría la supresión de los gobiernos. Friedrich Nietzsche lo veía inminente. "Los superhombres" que habían tomado conciencia y desterrado sus miedos aseguraban que "Dios ha muerto", pues ya no era necesario ni para regir sus destinos ni para dotarles de unos valores morales que ya habían integrado internamente.

Estas teorías, tan en boga en la época en la que se constituyeron los illuminati, tenían un "final feliz". En cambio, como se verá a continuación, el que propone la sociedad secreta tiene 0poco de dichoso. No proviene de una evolución individual de los hombres que propicie una sociedad más justa, sino de una sangrienta guerra en la que se logra imponer el miedo y la desesperación del tal modo que se allana el camino para que los illuminati tomen el poder y guíen a sus conciudadanos. Y no solo eso: también para que se imponga el reinado de Lucifer.

Esperando a Satán

Los planes últimos que describe Albert Pike dibujan un apocalipsis en el que se impone el culto al Diablo. Pike escribió un libro de 850 páginas titulado *Morals and Dogma of the Ancient and Accepted Scottish Rite of Freemasonry* en el que desgrana los rituales de los 32 primeros grados del rito escocés de la masonería. Y sí, se habla del culto al diablo, pero en un contexto bastante críptico que tiene que ver con las revelaciones masónicas.

Cuando se adentra en los conocimientos que se adquieren entre el grado 19 y 26, se revela el culto a Lucifer y Baphomet. Este último es una deidad mitad hombre mitad cabra con cuernos que formó parte del cristianismo medieval pero que después fue orillada y acusada de pagana y satanista. Jacques de Molay, el último caballero de la Orden de los templarios, fue condenado a la hoguera por rendir culto a Baphomet. Nunca se supo si esta fue una acusación inventada por el rey francés Felipe V, que quería quitarse de en medio a los templarios por el gran poder que habían acumulado. La persistencia en las logias masónicas del culto a esta deidad podría por tanto deberse o a la herencia de los templarios o a una táctica por honrarlos y hermanar sus orígenes a los de esta Orden.

En cuanto el culto a Lucifer, que está presente en las logias masónicas conocidas como luciferinas, suele tener un carácter simbólico. Lucifer, como ya hemos visto en el capítulo 1, se podría traducir como "portador de la luz". A diferencia de los masones, que emplean la figura de Lucifer con una carga simbólica, los illuminati, según se desprende de los textos de Pike, son más literales y asumen el concepto clásico de satanismo. Su caos y destrucción busca el reinado de Satán entre los hombres y eso únicamente ocurrirá cuando se desencadene su ansiada III Guerra Mundial; la que se iniciará con el enfrentamiento entre judíos y musulmanes.

El conflicto que desatará la guerra

El *casus belli* (la provocación que permite que un país le declare la guerra a otro) que planeaba Pike será la destrucción de la mezquita sagrada de Omar o Al-Aqsa, que se encuentra en la Explanada de las Mezquitas en Jerusalén. Por ello, para los illuminati resultaba tan importante crear el estado de Israel, que sería la pieza básica para lograr desencadenar la guerra.

El ultraje final para los musulmanes será que en ese lugar se reconstruirá el Tercer Templo de Salomón. En las oraciones del judaísmo siempre se incluye el propósito de la reconstrucción de este templo, que debería ocurrir en la era mesiánica, cuando el Mesías llegara a la Tierra. De todas formas, la mayoría de los judíos entiende este templo como "espiritual", no como un lugar físico.

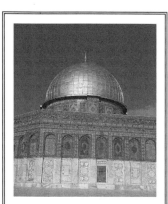

La mezquita de Al-Aqsa en Jerusalén.

Otros consideran que el templo descenderá de los cielos. Pero también hay una facción partidaria de edificar sin intervención divina y que debe hacerse sobre la mezquita de Al-Aqsa.

Si eso ocurriera, tal y como vaticinó Pike, el enfrentamiento entre el judaísmo y el islamismo estaría garantizado. Para los musulmanes este tempo es su tercer lugar sagrado, después de La Meca y Medina y el lugar desde el que Mahoma ascendió a los cielos. A ningún analista político se le escapa que la expropiación de estos terrenos causaría un conflicto sin precedentes, una Guerra Santa que arrastraría a los países que apoyan a unos y a otros.

Eso es lo que buscan los illuminati. Pero en el templo no esperan recuperar el culto judío, lo que harán es convertirlo en "la sinagoga de Satanás". Desde ahí esperarán la llegada del Mesías, que no será el salvador de la humanidad sino el Anticristo. Por lo tanto, los illuminati se quitan la máscara y se reconocen como adoradores del diablo. Sin embargo, se han hecho diferentes interpretaciones a estas palabras de Pike. Que los illuminati quieren instaurar el Nuevo Orden Mundial que les dará el control del mundo es innegable, pero que esperen la llegada del Maligno es algo más cuestionable, porque esta podría ser la aspiración personal de Pike y que no tendría que ser compartida por el resto de la sociedad secreta, enfocada en logros económicos mucho más terrenales.

Llega Satán

De todas formas, el plan para lograr el reino de los illuminati o de Satán es cuanto menos aterrador. Así lo describe el artífice del mismo, Albert S. Pike: "Se fomentará aprovechando las diferencias causadas por los agentes de los illuminati entre los sionistas políticos y los líderes del Mundo Islámico. La guerra debe conducirse de un modo que el Islam y el sionismo político se destruyan mutuamente. Mientras tanto, las otras naciones, una vez más, divididas sobre este asunto, se verán obligadas a luchar hasta el punto de la completa extenuación física, moral, espiritual y económica... Desataremos a los nihilistas y a los ateístas, y provocaremos un cataclismo social formidable que en todo su horror mostrará claramente a las naciones el efecto del ateísmo absoluto, origen de la crueldad y de los disturbios más sangrientos. Entonces, en todas partes, los ciudadanos, obligados a defenderse contra la minoría mundial de revolucionarios, exterminarán a esos

En los atentados del 11-S en Nueva York murieron más de 3.000 personas.

destructores de la civilización, y la multitud, desilusionada con la cristiandad, cuyos espíritus deístas estarán desde ese momento sin brújula ni dirección, ansiosos por un ideal, pero sin saber donde dirigir su adoración, recibirán la verdadera luz a través de la manifestación universal de la doctrina pura de Lucifer, expuesta finalmente a la luz pública. Esta manifestación resultará a partir del movimiento reaccionario general que seguirá a la destrucción de la Cristiandad y el ateísmo, ambos conquistados y exterminados al mismo tiempo".

Así planean los illuminati imponer su Nuevo Orden Mundial: la dictadura de una elite que subyugará a una población aterrorizada por el conflicto despiadado que ha vivido.

Preparando el Apocalipsis

Y este se ha ido orquestando desde el final de la II Guerra Mundial. En concreto, se les atribuyen acciones que han encaminado al mundo a este conflicto: el ataque a las Torres Gemelas (11-09-2001) y el desplazamiento de la capital de Israel de Tel Aviv a Jerusalén (14-05-2018), que tantas suspicacias ha levantado en el mundo árabe.

Pero no es el único paso en este sentido. Casi todos los hechos históricos de la historia reciente tienen por objetivo la consecución de este Nuevo Orden Mundial. Y como se ha comentado al principio de este capítulo, la táctica que está llevando a cabo la Orden es sembrar guerras y disturbios en países que no sostienen el peso del capitalismo y crear crisis económicas en el epicentro del mismo. La insegura sociedad en la que vivimos, sujeta a los caprichosos (y en verdad orquestados) vaivenes financieros que desembocan en crisis desestabilizadoras y el precario futuro que educa a las generaciones en la obediencia, han creado, como definió el sociólogo Zygmunt Bauman, una "modernidad líquida". Un mundo sin certezas, en el que cualquier cosa puede pasar: crisis, pandemias, cambios radicales... Este es el mundo fomentado por los illuminati que se analizará en los siguientes capítulos de este libro.

LOS BÚNKERS ILLUMINATIS

El diario británico *Daily Star* publicó el 20 de julio de 2017 una noticia sobre cómo los illuminati se preparan para la III Guerra Mundial. La información proviene de un supuesto exmiembro que la publicó en la red social Imgur bajo el nombre de usuario *stevestig76*. Según cuenta, fue reclutado por la sociedad secreta cuando tenía 19 años y militó en ella durante 47 años, hasta que decidió huir y revelar sus planes. Según esta información, que se hizo viral: "Actualmente hay 430 búnkeres en todo el planeta. Todos estos búnkeres y bases están controlados y mantenidos por los illuminati". El exmiembro secreto añadió: "El mayor de los búnkeres se encuentra en Sao Paulo, Brasil. Tiene capacidad para albergar a 5.000 personas durante 10 años. Yo personalmente visité esta base y es tan grande que pocos podrían imaginarlo". Según concretó, las plazas eran para los "5.000 más ricos, brillantes y poderosos del mundo".

Más allá de que se dé credibilidad a esta información o no, lo cierto es que la adquisición de búnkeres ha crecido exponencialmente en los últimos tiempos. Según la empresa estadounidense especializada en su construcción, Rising S. Company, desde 2015 a 2021, sus ventas se multiplicaron un 300% y la adquisición de la alta gama se incrementó en un 700%. Dependiendo de las prestaciones que contenga, un búnker puede costar entre 20.000 y 200.000 euros.

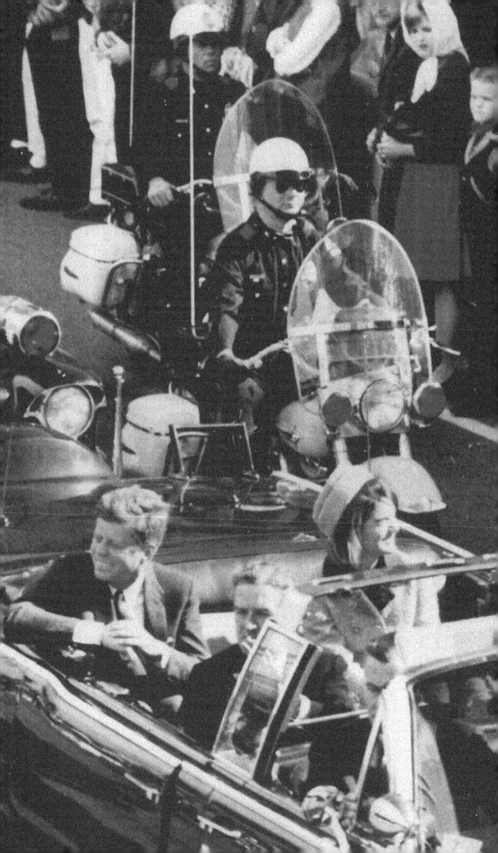

CAPÍTULO 13
COMPLOTS ILLUMINATI EN LA HISTORIA RECIENTE

Desde la II Guerra Mundial, muchos sucesos históricos han dejado dudas razonables y misterios que se han escapado a la explicación oficial de los mismos. Es aquí donde aparece una "mano negra illuminati" que podría justificarlos como parte de su plan para dominar el mundo y desencadenar la III Guerra Mundial. En este capítulo se hará un repaso a la historia reciente recogiendo las teorías que apuntan hacia la intervención illuminati.

El magnicidio de JFK

El 22 de noviembre de 1963, el trigésimo quinto presidente de Estados Unidos fue asesinado a tiros en Texas. Se acusó a Lee Harvey Oswald, que dos días después fue asesinado por Jack Ruby, por lo que no pudo declarar.

El 24 de septiembre la Comisión Warren encargada de la investigación concluyó que el autor del magnicidio fue Oswald, pese a las muchas pruebas que demostraban la imposibilidad de que un solo hombre hubiera cometido el crimen. Uno de los miembros más destacados de la comisión era Allen Dulles, íntimo colaborador de la familia Rockefeller, director de la operación Paperclip (de la que se habló en capítulos anteriores) y ex jefe de la CIA, uno de los organismos que aparece muchas veces implicado en la muerte de JFK. Dulles era un prestigioso miembro de los illuminati.

-DUDAS RAZONABLES: En 1979, se constituyó el Comité Selecto de la Cámara sobre asesinatos para investigar este y la muerte de Martin Luther King, que concluyó que pudo existir una conspiración en ambos, en la que estuvieron implicados diferentes departamentos del gobierno de Estados Unidos.

En el caso de JFK, la principal prueba es la trayectoria de las tres balas que acabaron con su vida, pues no pudieron ser disparadas desde el lugar donde se encontraba Lee Harvey Oswald. Otro misterio fue el robo del cerebro del presidente, que desapareció tras la autopsia y que hubiera permitido analizar por dónde entró la bala y por tanto desde donde fue disparada.

-LA MANO ILLUMINATI: ¿Qué ganaba la sociedad secreta con la muerte del presidente? Habitualmente se ha señalado que una de las razones del asesinato podría ser que Kennedy quería retirar las tropas de Vietnam en su siguiente legislatura. Los illuminati apostaban por esta guerra y con la desaparición del presidente se pudo llevar a cabo.

Sin embargo, hay otro dato que ha pasado inadvertido y que Paul H. Koch señala en su libro *Illuminati* y es que Kennedy intentó desmantelar la Reserva Federal. "Ya había dado la orden de empezar a imprimir dólares con el sello del gobierno de Estados Unidos para sustituir el dinero con la firma de la Reserva Federal y recuperar así el control de las finanzas del país", revela el escritor. Eso hubiera sido un duro golpe para los illuminati, que hubieran dejado de controlar la economía.

La Guerra de Vietnam

¿Por qué entró Estados Unidos en la Guerra de Vietnam? La versión oficial es que fue para contener el avance del comunismo en el mundo durante la Guerra Fría. Pero el precio a pagar fue muy alto: 58.220 muertos y 303.000 heridos. Estados Unidos apoyó a Vietnam del Sur sin entrar en la guerra. Pero en el 7 de agosto de 1964, Lyndon B. Johnson, que había sustituido al fallecido John F. Kennedy y que pertenecía a la masonería, declaró la guerra a Vietnam del Norte por los incidentes del golfo de Tonkin, el ataque con torpedos a dos bombarderos norteamericanos que respondieron con artillería.

Esta fue la excusa para entrar en la guerra de Vietnam, un lucrativo negocio para la industria armamentística controlada por los illuminati, que sirvió también para desestabilizar a la sociedad norteamericana.

-DUDAS RAZONABLES: En el ataque, los destructores norteamericanos dispararon 650 proyectiles y varias cargas de profundidad. Sin embargo, al día siguiente no había ni un solo resto de embarcaciones vietnamitas. Los capitanes dijeron que si bien habían visto en su radar señales de un ataque, no contaban con ninguna evidencia. Aún así, el presidente, Lyndon B. Johnson y el ministro de defensa, Robert McNamara, desoyeron la información y declararon la guerra.

Un año después, en la campaña para su reelección, Lyndon B. Johnson reconoció: "Por lo que sé, nuestra Marina podría haber estado disparándole a ballenas". Sin embargo ya era demasiado tarde. La guerra continuaría durante 11 años más, hasta el 30 de abril de 1975.

El 13 de junio de 1971, el diario *The New York Times* publicó "los papeles del pentágono" que demostraban que Johnson y Mc-

Namara llevaron a cabo varias operaciones para provocar un ataque vietnamita que justificara la entrada en la guerra de Estados Unidos. Desde entonces se han desclasificado varios documentos que demuestran que no hubo ningún ataque y la cúpula del gobierno lo fingió en una operación preparada por los servicios secretos.

-LA MANO ILLUMINATI: La guerra siempre sale a cuenta a los illuminati, que engrosan sus arcas vendiendo armas durante el conflicto e intervienen en la reconstrucción. Y también saca tajada de los enfrentamientos civiles, como los que surgieron en Estados Unidos en los años sesenta y setenta y que desgastan el modelo social.

Pero además del móvil, contamos también con la táctica, típicamente illuminati. Fingir que han sido atacados para así tener una *casus belli* que les permita declarar la guerra ha sido una de las más empleadas. Desde el ataque al Maine que fue atribuido a los españoles para iniciar la guerra de Cuba en 1898, esta estrategia se ha empleado en numerosas ocasiones siempre orquestada por la sociedad secreta.

El asesinato de Martin Luther King

El 4 de abril de 1968, cuatro años después de haber recibido el Nobel de la Paz, el activista Martin Luther King fue asesinado a tiros en la terraza del Lorraine Motel de Memphis (Tennessee) donde se alojaba. Había acudido a esta ciudad por segunda vez para apoyar al gremio de basureros de la ciudad, que exigían mejorar sus condiciones laborales después de que dos empleados muriesen triturados. La semana anterior había estado con ellos, pero tuvo que huir por la virulencia del enfrentamiento. Dos meses después James Earl Ray fue acusado del asesinato, que primero confesó, pero después negó.

Así planean los illuminati imponer su Nuevo Orden Mundial: la dictadura de una elite que subyugará a una población aterrorizada por el conflicto despiadado que ha vivido.

-DUDAS RAZONABLES: Ya en el aeropuerto, su avión sufrió una amenaza de bomba. El discurso de apoyo lo pronunció en un templo masón en el que se reunieron los trabajadores. Acabó agotado y se retiró al hotel donde sería asesinado a la mañana siguiente. Pero la habitación con balcón no era la que le habían asignado inicialmente. Unos días antes, un supuesto agente de seguridad pidió que se cam-

Martin Luther King, Jr. en Montgomery, Alabama, en 1965.

biara a esa. Nunca se identificó a la persona que puso a King en el punto de mira de su asesino.

El detenido por el crimen fue James Earl Ray, un delincuente de poca monta que nunca había cometido delitos de sangre, por lo que resultaba difícil que tuviera puntería para acertar con un solo tiro. Tras la muerte de King, Earl viajó por Canadá, Portugal, Sudáfrica y Londres, donde fue detenido con un pasaporte falso cuando se disponía a embarcar en un avión rumbo a Rodesia. En este periplo gastó 10.000 dólares que difícilmente podía tener si no era porque alguien se los había proporcionado.

En 1998, Dexter King, hijo del célebre predicador, apoyó a Ray para que tuviera un nuevo juicio. En este se demostró la implicación de Loyd Jowers, propietario de un restaurante de Memphis, que admitió haber pagado a un asesino a sueldo que no era James Earl Ray y formar parte de una conspiración en la que estaban implicadas agencias del gobierno y otras entidades que no especificó, aunque todo indicaba que se refería a la Mafia. En 2000, el Departamento de Justicia de Estados Unidos que completó la investigación, concluyó que no había ninguna evidencia de conspiración y recomendó que no se abriera ninguna nueva causa a no ser que aparecieran nuevas pruebas. El mismo año en que tuvo lugar el juicio, 1998, Ray murió en la prisión en extrañas circunstancias: por un fallo hepático, que parece producido por una transfusión que le hicieron después de que unos presos le apuñalaran.

-**LA MANO ILLUMINATI:** El mensaje de no violencia, de protesta y de desobediencia civil que abanderaba King era del todo contrario a los intereses de la sociedad secreta, que buscaba la obediencia de los ciudadanos para sus fines. Justo antes de su muerte, a los 39 años, el reverendo planeaba una ocupación pacífica de Washington contra la pobreza. El activista también se oponía a la guerra de Vietnam. Además, su figura, como la de JFK, creó unas expectativas idealistas en la población nada recomendables para la Orden.

La muerte de King desató una revuelta popular. El líder asesinado había podido contener el descontento de la población y guiarlo de forma pacífica, pero con su desaparición nadie pudo frenar el enfrentamiento. Saqueos, incendios y tiroteos se sucedieron en Washington donde ardieron concesionarios de automóviles, tiendas y restaurantes. Durante semanas, se sucedieron revueltas en 36 estados, siendo los más cruentos los que tuvieron lugar en las ciudades de Cincinnati, Pittsburg, Detroit o Baltimore que se saldaron con muertes y arrestos. Con la muerte del pastor, los illuminati se libraron de la oposición a la guerra de Vietnam, de una marcha por la pobreza y consiguieron hacer estallar el caos y la destrucción que King había contenido durante años.

Terrorismo comunista en Italia

Desde finales de los sesenta, en Italia se sucedieron diferentes ataques que se atribuyeron a grupos terroristas comunistas y que sembraron el terror entre la población. Se llamaron "los años del plomo". Citaremos algunos de ellos. El 12 de diciembre de 1969, tuvo lugar el ataque terrorista conocido como Piazza Fontana de Milán, que incluyó la explosión de tres bombas (en Milán y en Roma) y el ataque a un banco que se saldó con 17 muertos y 88 heridos. Un grupo terrorista anarquista fue señalado como el culpable. El presidente italiano Aldo Moro, que se había enemistado con Estados Unidos porque pretendía incluir al partido comunista en el ejecutivo italiano, fue secuestrado el 16 de marzo de 1978 y apareció muerto 55 días después en el maletero de un coche. El asesinato se atribuyó a las Brigadas Rojas, un grupo terrorista de izquierdas.

Pero Italia no fue el único país que sufrió este tipo de atentados, que también afectaron a Alemania, Bélgica, Turquía, Suiza, España, Francia, Argentina o Mozambique.

-DUDAS RAZONABLES: El 2 de agosto de 1990, el presidente de Italia, Giulio Andreotti, reconoció ante el parlamento la existencia de una red de ejércitos encubiertos en Europa Occidental. A partir de ese momento, se estiró del hilo hasta dar con la verdad. Y la verdad se llamaba Operación Gladio, una iniciativa que se llevó a cabo tras la II Guerra Mundial para proteger a los aliados del Pacto de Varsovia. Estaban involucrados la OTAN, la CIA y el MI6 británico. Pero lo que empezó como una estrategia de la posguerra, acabó desembocando en un comando de paramilitares que llevaban a cabo atentados y culpaban a los comunistas para que triunfaran en las urnas los partidos de derechas. Una resolución del Parlamento Europeo de 1990 permitía a los países miembros a hacer las investigaciones que consideraran necesarias, pero únicamente Italia, Suiza y Bélgica lo hicieron. Más adelante también financiaron y apoyaron a grupos terroristas de extrema derecha para detener el avance de la izquierda en el marco de la Guerra Fría.

-LA MANO ILLUMINATI: Estamos hablando de una operación de terrorismo a nivel internacional. Un gobierno en la sombra que mediante operaciones violentas controló la política a través del miedo, de desestabilizar los estados para que los ciudadanos votaran a los partidos de derechas. O se sintieran vulnerables para obedecer cualquier opción que garantizara su seguridad. Estamos hablando, por tanto, de una táctica típicamente illuminati que persigue el caos que servirá para que puedan hacerse con el control del gobierno mundial.

Este fue uno de los intentos que llegó más lejos y que duró más tiempo. No olvidamos que detrás de la CIA está la familia Rockefeller, uno de los puntales de la sociedad secreta. Los illuminati están detrás también de la OTAN porque promueven todas las entidades trasnacionales que tengan poder sobre los ciudadanos. En este sentido, también están infiltrados en el Fondo Monetario Internacional (FMI), en la Unión Europea o en la Unión Africana.

El magnicidio de Isaac Rabin

Nunca Oriente Medio había estado tan cerca de la paz como en 1995. El 4 de noviembre ese sueño se truncó con el asesinato del primer ministro de Israel, Isaac Rabin, a manos de un judío integrista,

Yigal Amir, un estudiante de derecho de 23 años que pretendía que fracasaran los acuerdos de paz. Y lo logró.

Rabin acudió a una manifestación en la plaza de los Reyes de Israel (que ahora lleva su nombre) en Tel Aviv para apoyar los acuerdos de Oslo que pacificarían la zona. Una vez acabada, descendió por la escalera del ayuntamiento y cuando estaba a punto de entrar en su automóvil, Amir le disparó tres veces.

-DUDAS RAZONABLES: Resulta extraño que uno de los hombres más protegidos del mundo, que podía estar acompañado por más de veinte guardaespaldas, solo estuviera acompañado por uno en el momento del crimen y no llevara chaleco antibalas después de haber acudido a un acto multitudinario.

Testigos presenciales escucharon a la policía gritar que el arma del atacante era de juguete. Asimismo, tres policías y Leah Rabin, la esposa del mandatario, aseguran que cuando entró en el coche estaba bien. En un vídeo grabado por un aficionado, se ve al primer ministro entrar en el coche por su propio pie, lo que parece imposible teniendo en cuenta que una de las balas le alcanzó la columna vertebral. Tampoco se le vio sangre en las supuestas heridas.

La viuda nunca aceptó la versión oficial y apoyó al escritor israelcanadiense Barry Chamish, que publicó su teoría del complot en el libro *¿Quién mató a Isaac Rabin?*. Según cuenta, el ministro no murió por los disparos de Amir si no por otros que recibió en el coche que lo trasladaba. Aporta datos como que el chófer que lo conducía no era el habitual o que el vehículo tardó veinte minutos en llevarle al hospital que estaba a cinco minutos. También asegura haber entrevistado a un médico que se mantiene en el anonimato y asegura que una de las heridas mortales era frontal y por tanto no podía haber sido causada por Yigal Amir, que le disparó por la espalda. Los casquillos encontrados en la escena del crimen no coincidían con los del arma de Amir. Por ello apunta a un complot de la extrema derecha perpetrado desde el propio gobierno israelí.

-LA MANO ILLUMINATI: Como se ha comentado en páginas anteriores, esta sociedad secreta está preparando la situación política para que se desencadene la III Guerra Mundial y que tendrá lugar en Israel cuando se edifique el Tercer Templo de Salomón sobre la mezquita sagrada de Al-Aqsa, lo que provocará un conflicto entre los países musulmanes e Israel que dividirá al mundo.

El plan no podía ocurrir si se llevaba a cabo lo pactado en los acuerdos de Oslo. Rabin fue el primer mandatario israelí que se entrevistó con el líder palestino de la OLP, Yasir Arafat, y buscó una solución política al conflicto. Ambos recibieron por ello el Nobel de la Paz en 1994. Pero eran muchos en el seno de su partido y de Israel los que no veían con buenos ojos aquel acuerdo. Los illuminati sabían que si Rabin desaparecía de escena, sería fácil manipular la situación para que se desvaneciera la paz y se incrementara la tensión. Y eso es justo lo que lograron.

Los atentados del 11-S

El 11 de septiembre de 2001, dos aviones tripulados, secuestrados por miembros de Al Qaeda, se estrellaron contra las Torres Gemelas de Nueva York que se derrumbaron y destruyeron el World Trade Center. Un tercer avión secuestrado se estrelló contra el Pentágono en Virginia, y un cuarto, que se dirigía al Capitolio, se estrelló en campo abierto tras un enfrentamiento entre los secuestradores y los tripulantes.

El ataque dejó al mundo entero sin respiración y fue el *casus belli* que Estados Unidos esgrimió para declarar la guerra a Afganistán, que era el país en el que se escondía el líder de Al-Qaeda, Osama Bin Laden.

-DUDAS RAZONABLES: También resultan cuanto mínimo extrañas las llamadas que algunos pasajeros dejaron a sus parientes. Es imposible que pudieran tener cobertura a tantos metros de altura para hacerlas. Por otra parte, uno de los principales cabecillas, Mohammed Atta, no cumplía los preceptos del Corán que le llevaron a inmolarse: convivía con una bailarina de estriptís, comía cerdo, bebía alcohol e iba a menudo de fiesta, lo que no encaja con el perfil de un buen musulmán. Por otra parte, se ha demostrado que ninguno de los pilotos tenía suficiente experiencia para poder realizar las maniobras que se llevaron a cabo.

-EL PENTÁGONO: Las fotos del Pentágono no muestran el avión y el agujero que causó el mismo parece demasiado pequeño, según algunos expertos. Por ello se apunta a que pudo ser un misil. Por otra parte, es casi imposible que los radares del Pentágono no identificaran el avión y lo abatieran. La zona atacada de la instalación militar estaba deshabitada porque se estaban llevando a cabo reformas que la dotarían de una estructura resistente a las bombas. Por todo ello, el ataque al Pentágono se saldó sin víctimas. Ochenta y cinco vídeos que particulares tomaron fueron incautados por el FBI, que aseguró que en ninguno se apreciaba el impacto.

-LAS TORRES GEMELAS: Resulta sospechoso que tras el derrumbe se encontrara en la ruinas el pasaporte de Satam al-Suqami, uno de los supuestos secuestradores que sobrevivió al choque del avión y al derrumbe de las torres. La forma en la que cayeron las torres sobre sí mismas, en vez de de lado por el impacto del avión y la velocidad casi simultánea en la que se desmoronaron todos los pisos ha hecho pensar en una deflagración interna. Los bomberos que entraron en el edificio declararon haber escuchado explosiones.

-EL AVIÓN QUE SE ESTRELLÓ: Existen comunicaciones previas que hablan de un plan para abatirlo. Ya se habían producido los ataques previos y era posible barajar aquella acción para evitar males mayores. Sin embargo, al poco se dijo que los heroicos pasajeros, que ya sabían lo ocurrido en las Torres Gemelas, lucharon contra los terroristas y el avión acabó estrellándose. Un vídeo parece mostrar a dos cazas persiguiendo al avión. La forma en que se encontraron los restos del avión, sobre todo la gran distancia que los separaba, no sugiere que se estrellara.

-LA MANO ILLUMINATI: Bin Laden había trabajado para la CIA. Según el artículo *Bin Laden, aquel agente de la CIA*, publicado el 3 de abril de 2012 en el diario *ABC*, fue reclutado en 1979 cuando tenía 22 años por los servicios secretos de Arabia Saudí. Su misión era gestionar 2.000 millones de dólares de la CIA para armar a un ejército de fundamentalistas islámicos que combatieran contra los rusos, que habían instaurado en el país un gobierno prosoviético. En 1988, en Pakistán, Bin Laden hizo un fichero de los 35.000 voluntarios muyahidines de 40 naciones diferentes que estaban a punto de vencer a los rusos. Lo llamó "la base", que en árabe es Al Qaeda. A partir de los noventa, Bin Laden es considerado un terrorista internacional.

Los illuminati estuvieron tras esta estrategia a través de sus infiltrados en la CIA. Por otra parte, se han de tener en cuenta las oscuras relaciones entre la familia Bush (que pertenece a los illuminati, como la mayoría de presidentes estadounidenses) y la familia Bin Laden. En 1978, George W. Bush y el hermano de Osama, Salem Bin Laden, fundaron la compañía petrolífera Arbusto Energy Oil ("bush" es "arbusto" en inglés). Además, cuando el primer presidente de la saga Bush abandonó la Casa Blanca, fue contratado como asesor de un grupo cuyo principal accionista era la familia Bin Laden.

Todo esto entraría en los planes illuminati, pero aún hay otra cuestión que les interesaba más: el drástico recorte de las libertades civiles y el acceso de sus datos a través de internet.

En ese juego la tecnología, como veremos en los siguientes capítulos, tendrá un papel básico, pues los illuminati se han adaptado a las nuevas realidades rápidamente y pretenden que estas sirvan para instaurar el Nuevo Orden Mundial. Pero sus tácticas se están haciendo cada vez más obvias y es ahí donde aún existe la esperanza de truncar sus planes.

EL RECORTE DE LAS LIBERTADES CIVILES

Tras el 11-S, el gobierno de Estados Unidos aprobó la *Patriot Act*, que debía de ser provisional. A día de hoy todavía no se han recuperado las libertades que se tenían antes del atentado. Estos son algunos de los puntos más polémicos:

–El FBI podía acceder a los datos de cualquier supuesto sospechoso sin orden judicial. Así podía, por ejemplo, consultar los libros que había sacado de la biblioteca o las películas que había visto para decidir si encajaba en algún perfil radical.

–Las empresas de internet estaban obligadas a pasar registro de actividad y correo de los sospechosos. Según la revista *Wired* el FBI intentó obtener información de las cuentas en las que se citaba la palabra "Alá".

–Desaparecieron las garantías constitucionales mínimas de los sospechosos detenidos por terrorismo, lo que permitió vulnerar los derechos humanos de cientos de supuestos yihadistas en la base de Guantánamo.

CAPÍTULO 14

UN ARMA DE DOBLE FILO: LA GLOBALIZACIÓN

Estamos inmersos en ella, tanto que a estas alturas nos resulta casi imposible imaginar un mundo en el que lo individual no esté absolutamente determinado por lo colectivo, un mundo que ofrezca espacio para la reflexión en lugar de un bombardeo constante de lemas, normativas, condicionantes del pensamiento que se disfrazan de información. La sociedad tecnológica es ya un hecho irreversible. La globalización, las terminales, las redes, los microchips, los dispositivos móviles, las aplicaciones informáticas y otros productos derivados son hoy omnipresentes en nuestras vidas y nos uniformizan más y más.

Individualismo global

El individualismo a ultranza que en su momento promulgaron figuras controvertidas como Ronald Reagan y Margaret Thatcher, ha tenido como consecuencia una atomización que nos vuelve más volubles, más mansos, más manipulables, y que brinda a la Orden de los illuminati un contexto ideal para la consecución de sus planes de dominación. Un contexto reforzado por tecnologías que no hacen sino contribuir al ensimismamiento, al aislamiento en burbujas. Dispositivos que hace solo unas pocas décadas resultaban propios de la ciencia ficción, son corrientes en nuestro día a día.

Países, instituciones y multinacionales han quedado amalgamadas en una estructura planetaria única y muy compleja de la que, nos guste o no, formamos parte, y de la que no parece posible escapar. ¿Casualidad? No, se trata de un plan que llevan preparando desde hace tiempo. La globalización es un escalón más. Si la meta de la Orden es la dominación total a nivel planetario, nunca en la historia de la humanidad ha habido más coladeros para lograrlo que en el momento presente. Pero a la vez, nunca sus planes han sido tan obvios ni han estado tan expuestos. Si existe una huida, tal vez esta pase por apartar la mirada de los medios generalistas y centrarse en los elementos más perturbadores, la mayor parte de los cuales están documentados en la propia red de redes, a la vista de todos. ¿Cómo es posible pues que no los veamos? Pasaremos a analizar a lo largo del presente capítulo cómo es el propio flujo de información constante, ininterrumpido, unido a los mecanismos de censura de internet, el culpable de nuestra inopia.

Con las nuevas tecnologías, el mundo está ahora hiperconectado.

Un mundo fácil de dominar

Globalización es un término que viene empleándose reiteradamente desde hace solamente unas cuantas décadas. Y sin embargo hablamos de un proceso muy gradual, muy complejo, que ha sido sin duda orquestado. Y que recoge uno de los puntos clave del ideario illuminati: la internacionalización de sus acciones que acabarán desembocando en un gobierno mundial. No hay que olvidar que han transcurrido ya cerca de dos siglos desde que el *Manifiesto Comunista* publicado en 1848, previniera a los trabajadores de todo el mundo contra los perjuicios que una economía global les estaba provocando y los que iba a ocasionarles en el futuro. Y ahora ya sabemos que parte de él tiene una marcada influencia illuminati. Lo que no podían prever ni Karl Marx ni Friedrich Engels era hasta qué punto las innovaciones tecnológicas iban a propulsar el fenómeno de la internacionalización hasta límites insospechados, dando como resultado la actual sociedad tecnológica.

Entre los cambios que ha provocado la globalización cabe destacar el progresivo reemplazo del aparato militar por mecanismos económicos muy vinculados a las nuevas tecnologías. Para conquistar un país ya no se precisan tanques ni aviones de combate. Basta con poseer una terminal de ordenador, enormes cantidades de dinero, y los contactos precisos en empresas y gobiernos. Un cambio muy conveniente para una elite con anhelos de control como la Orden de los illuminati.

Los medios de comunicación y los estudiosos del tema vinculan a los illuminati con un plan que incluye la globalización del mundo. "El objetivo de la Orden de los illuminati (…) es el de establecer un Nuevo Orden Mundial a través de un gobierno global", recoge un artículo aparecido en la prestigiosa página web de la cadena BBC, publicado en 2015. "Es cierto que los illuminati están rodeados de fantasía, pero cuando se separa realidad de ficción, creo que hay pruebas que demuestran que se trata de un grupo real que continúa existiendo hoy en día", afirma Mark Dice en una entrevista a dicho medio. Este analista de medios estadounidense, cuyo canal de YouTube rebasa el millón y medio de suscriptores, puntualiza que la sociedad secreta no necesita ya utilizar el nombre de illuminati porque "ellos saben perfectamente quiénes son y lo que están haciendo". Por ello, su simbología ha adquirido un nuevo rol y les sirve para reconocerse.

La globalización como vehículo de difusión

Uno de los retos más importantes a los que se ha enfrentado la Orden de los illuminati desde sus inicios ha sido superar las limitaciones físicas a nivel de movimientos, comunicación y propagación de ideología. Gracias a la globalización, las figuras más destacadas de la política, de la religión y los magnates pertenecientes a la Orden (como se especula de George W. Bush, el Papa Francisco, la reina Isabel II de Inglaterra o George Soros) tienen un calado más internacional que nunca. Sus manipulaciones alcanzan todos y cada uno de los rincones del planeta. A golpe de *clic*.

Lo mismo puede decirse de los vídeos, las declaraciones y los mensajes que difunden figuras del pop como Katty Perry, Lady Gaga, Jay Z o Beyoncé, cuya utilización reiterada de los símbolos de la Orden aparece documentada en centenares de textos y vídeos. "Emplean a artistas y músicos de fama global para promocionar su agenda", opina Mark Dice.

La globalización ha tenido consecuencias positivas y negativas que, a priori, dependerán del punto de vista del observador y de sus intereses. Los movimientos antiglobalización ven en ella una nueva forma de imperialismo con una elevada capacidad destructora. Lo cierto es que en el núcleo duro de la globalización subyacen principios nada novedosos: acaparar poder, ejercer un férreo control sobre el entorno y sobre las personas, uniformizar comportamientos y gustos para que resulten más manipulables e impulsar un nuevo orden para la consecución de los objetivos concretos.

Isabel II es una de las personas más poderosas del mundo.

Pero, ¿qué es la globalización?

El escenario que vivimos en la actualidad ha sido diseñado por los illuminati porque abre múltiples posibilidades para sus planes de expansión. Repasemos cuándo nace y qué define a la globalización. Se empieza a emplear el término en la segunda mitad del siglo XX, concretamente hacia finales de los años ochenta, tras el derrumbe del modelo comunista. La Perestroika (1985-1991) y la Caída del Muro de Berlín (1989) acaban con su máximo exponente, la URRS. La desaparición de la antítesis del capitalismo provoca una transformación de este, que era lo que buscaban los illuminati cuando fabricaron las primeras teorías socialistas. Tras la Guerra Fría, el capitalismo tenía que luchar contra el comunismo. Libre de su enemigo, se redefine adoptando algunas premisas marcadamente illuminati.

Dejan de existir las economías locales que se integran en una a escala planetaria. Esta es regulada por instituciones de gran poder que no han sido votadas por los ciudadanos, como el FMI o el Banco Mundial. Estas entidades, en las que los illuminati se han infiltrado, toman decisiones globales sin supeditarse a la ley de ningún país, con una normativa que solo ha sido consensuada por las elites. Es lo más parecido a un gobierno mundial sin rostro.

A su vez, esta estructura favorece el papel de las empresas multinacionales que permiten la libre circulación del capital. La economía nunca ha sido más libre ni ha tenido que rendir menos cuentas a los estados. Ese es otro de los ideales illuminati que siempre han renegado del intervencionismo del estado.

Los servicios y los productos que producen las multinacionales tienen que satisfacer a todos los ciudadanos del mundo por lo que los gustos de estos tienden a homogeneizarse, mayoritariamente siguiendo un modelo occidental que admite cierta fusión multicultural. Por último, la conectividad humana, ya sea física a través de la mejora en los medios de transporte, o virtual mediante la tecnología, convierte a los estados en una aldea global.

Claudio Soler

El auge de las comunicaciones y el salto tecnológico

El bombardeo informativo es hoy abrumador, despiadado, incesante y ayuda a enmascarar los hechos y los mensajes, a restarles importancia, a trivializarlos. Las convulsiones que han tenido lugar durante las últimas décadas han sido asombrosas. El relato que va dejando escrito nuestra especie conforme avanza a lo largo de las épocas se fundamenta en dos pilares, y ambos se tambalean frente al embate del Nuevo Orden Mundial y de la sociedad de la información.

Por un lado, están las ideologías imperantes, las dinámicas que desencadenan los conflictos armados y sociales que se derivan de la aparición y la aplicación de nuevas formas de pensar. Por otra, están los descubrimientos científicos: las llamadas "nuevas tecnologías", alumbradas por las mentes más preclaras de cada generación, dan a su vez lugar a nuevas dinámicas y modelan las existentes. La tecnología no es únicamente técnica, es también mensaje.

Llegados a este punto, cabe preguntarse quién impulsa los cambios ideológicos y a quién benefician las tecnologías que siempre nos prometen prosperidad y felicidad. Y se olvidan de enumerar una tercera palabra: control.

Incluso aquellos que niegan la sombra de los illuminati se ven obligados a reconocer que el auge de las comunicaciones y los avances tecnológicos recientes han brindado a las plutocracias unas herramientas insospechadas para llevar a cabo sus planes.

Se destapan los secretos

No obstante, la información es un arma de doble filo que también permite a los ciudadanos conocer secretos que antes eran más fáciles de ocultar, como la existencia de las sociedades secretas. Sin ir más lejos, no hace tanto que la existencia del Grupo Bilderberg (que no deja de ser una sucursal de los illuminati) ha sido desvelada al gran público: más de un centenar de individuos, los más adinerados y poderosos del mundo, se reúnen regularmente para decidir nuestro destino sin que medien cámaras, micrófonos o periodistas. Sin que quede rastro de su encuentro ni de lo que se ha sucedido en él. "¿Cómo es posible que a lo largo de los últimos sesenta años ningún medio haya informado acerca de este encuentro?", se pregunta Mark Dice.

Una gran parte de la población permanece aún sumisa. Pero otra está despertando: la concentración de capital y poder en manos de unos pocos en detrimento del progresivo empobrecimiento de la mayoría, nunca vista anteriormente en ningún otro momento de la historia, ha hecho que muchos duden de la narrativa oficial y se rebelen contra ella. Si el Grupo Bilderberg ha sido finalmente destapado y señalado, su poder ya no goza de impunidad.

Incluso ensayistas que se manejan con escepticismo, como el escritor Jesse Walker, autor de *The United States of Paranoia: A Conspiracy Theory* y editor en *Reason Magazine*, reconocen que "existen motivos muy reales para experimentar miedo o ansiedad, puesto que en ocasiones las teorías conspirativas han resultado ser ciertas". A la vista de los acontecimientos recientes y a la velocidad a la que se desarrollan los hechos, tarde o temprano la Orden de los illuminati abandonará las sombras. La pregunta que debemos hacernos aquí es la siguiente: ¿contribuirán a ello las propias herramientas tecnológicas de las que se valen para manipular a la población? Para responder a esta pregunta tenemos que entender el nuevo hábitat en el que nos movemos.

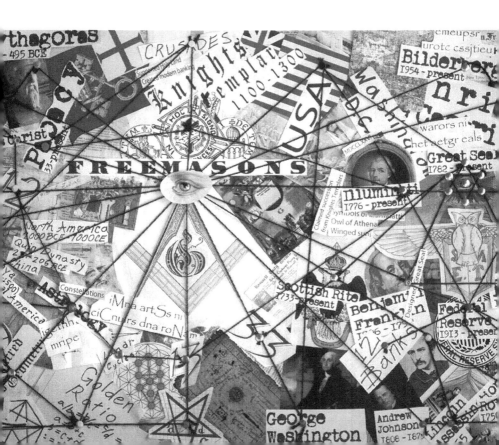

EL POP ILLUMINATI

El uso de la imaginería de la sociedad secreta en el mundo de la música y del cine es cada vez más obvio. Vamos a repasar algunos de estos códigos que se repiten entre los famosos.

–**El círculo en el ojo.** Todas las fotos en las que los famosos resaltan un ojo con un círculo dibujado con sus dedos son una alusión al ojo que todo lo ve, un símbolo clave para esta sociedad secreta.

–**La iniciación.** Muchos son los vídeo clips en los que representan simbólicamente una iniciación. Protagonistas ataviados o ataviadas de blanco, en ocasiones con los ojos vendados se ofrecen para emerger vestidos de oscuro, con una fuerza provocativa. En ese momento acaparan todas las miradas, son seductores y poderosos, porque han sido iniciados.

–**Anillos.** Muchos de los que llevan los famosos, en especial los raperos, muestran triángulos y otro tipo de iconografía illuminati. Este tipo de joyas son copiadas por sus seguidores, que ajenos al significado oculto popularizan la simbología de los que pretenden dominarlos.

–**Serpientes.** Es otro símbolo de la sociedad secreta. Como ya se comentó en el capítulo 6, el más utilizado es el de la serpiente que se devora a sí misma, el Ouroboros. Sin embargo, la presencia de este reptil por sí solo representa la transformación del iniciado (porque el animal muda de piel) y la adoración a Satanás, pues en la Biblia se sirve de esta forma para tentar a Eva con la manzana.

CAPÍTULO 15
CONTROLADOS POR LA TECNOLOGÍA.
(PARTE I)

Ya se han visto las posibilidades que brindan las nuevas tecnologías para ejercer un control ideológico sobre la población. Pero no se trata únicamente de ideas, la tecnología también apela a una visceralidad que afecta a nuestra identidad.

La pérdida de control sobre el propio cuerpo ha sido objeto de interés tanto por parte de los autores de literatura fantástica como de distintos visionarios y especuladores a lo largo de las épocas. Zombis, vudú, pócimas, lavados de cerebro. El imaginario es variopinto, extenso, interminable. No obstante, lo que en su momento perteneció al ámbito teórico de la ficción o del misticismo, lleva años concretándose a velocidad de vértigo gracias a tecnologías cada vez más sofisticadas.

La vigilancia total

Todo totalitarismo se ha apoyado históricamente en normas que obligan a identificarse continuamente, a llevar la documentación siempre encima, a mostrarla para llevar a cabo prácticamente cualquier acción cotidiana. La finalidad de esta burocracia férrea es efectuar un seguimiento constante e ininterrumpido de todos y cada uno de los movimientos y actos del individuo, y de todos y cada uno de los individuos que integran la sociedad. La digitalización de nuestra vida diaria ya es un hecho que sirve a este objetivo. Ordenadores, tabletas, webcams, reproductores multimedia, teléfonos e incluso electrodomésticos inteligentes permanecen conectados sin interrupción a la nube informática imprimiendo la huella indeleble de todo lo que nos define: nuestros encuentros y nuestras soledades, nuestras filias y nuestras fobias. En última instancia, nuestros pensamientos han dejado de pertenecernos.

El último baluarte a conquistar por quienes ambicionan ejercer un control total de la sociedad es el propio cuerpo. A las tecnologías ya operativas en la actualidad, que almacenan un historial minucioso de nuestras vidas, se suma desde hace décadas una perspectiva cada vez más inminente: el futuro parece decido a implantarnos un microchip único e identificativo que estrechará más si cabe el control de nuestros cuerpos y a nuestras mentes. Este chip está mucho más cerca de lo que se cree y también guarda una estrecha relación con los illuminati.

El chip financiero

La idea de crear un chip que nos controle se remonta al siglo pasado. Ya a principios de los años noventa, el banco comercial británico National Westminster Bank Plc. (más conocido en los círculos financieros como NatWest) desarrolló en asociación con Motorola (la multinacional que fabricaba los procesadores de los primeros ordenadores Macintosh) un proyecto en este sentido. Recibió el nombre de Mondex Smartcard.

En la práctica se trataba de una tarjeta equipada con un microchip en el que figuraban no solo los datos financieros del sujeto sino también su nombre completo, su fecha de nacimiento y otros detalles supuestamente relevantes.

El dinero en efectivo perdía así relevancia y se abrían nuevos caminos para el capital electrónico. La identidad de cada ciudadano quedaba de este modo inmediatamente asociada a sus transacciones, que podían obtenerse en un formato electrónico muy detallado a partir de un sencillo lector. El proyecto quedó en manos de la multinacional de servicios financieros Mastercard, que lo instauró en las principales naciones del mundo y pasó a ser utilizado por una parte nada desdeñable de la ciudadanía.

Tal vez un ensayo, tal vez un globo sonda para calibrar las reacciones ante lo que vendría a continuación. En las sociedades tecnológicas, los cambios se producen tan aprisa que la capacidad de reacción de los individuos se minimiza. Sea como fuere, más allá de unas pocas voces disidentes convenientemente mitigadas, no hubo una reacción ciudadana a la altura de la pérdida de libertad que se proponía. El experimento había terminado y las conclusiones habían sido recopiladas. Era pues el momento de pasar a la siguiente fase.

Primeros implantes

A finales de los años noventa, la trama illuminati desplegaba un nuevo hilo que resultaría clave en el futuro y que se extiende a nuestros días: la creación de un primer microchip implantado en el cuerpo de los individuos. La Orden de los illuminati respalda esta posibilidad, que le permitiría escoger con mayor precisión a sus nuevos adeptos y poseer un tipo de información que convenientemente puede servir para manipular a cualquier persona con cierta responsabilidad social o política para que siga su camino. Además es una herramienta muy útil para aumentar la riqueza de sus miembros: rápidamente podrían establecer comportamientos que les sirvieran para captar compradores.

El desarrollo de este primer microchip plenamente cibernético empieza con el británico Kevin Warnick, un reputado científico e ingeniero que durante los años noventa se encuentra a la cabeza del departamento de cibernética de la Universidad de Reading (Reino Unido). Tras un largo desarrollo del producto, probablemente trabajando con los técnicos responsables de la Mondex Smartcard, tal como se ha apuntado en foros de internet centrados en la Orden), en 1998 Kevin Warnick lo presenta públicamente y se implanta uno para predicar con el ejemplo.

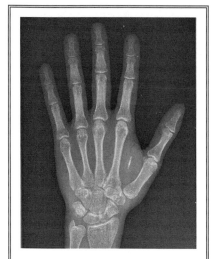

El microchip se implanta fácilmente bajo la piel.

Se trata de un chip que permite vincularse con ordenadores y otros dispositivos, al tiempo que ofrece la posibilidad intercambiar información con ellos y operarlos remotamente, aunque se le suponen muchas otras futuras aplicaciones.

Una segunda versión del chip es implantada en Kevin Warnick en 2002. Las alusiones a la vinculación entre los illuminati y las incursiones de este científico en el campo del control mediante chips implantados no han dejado de sucederse desde entonces, por más que hayan intentado censurarles. Pero la idea es imparable y sus aplicaciones sorprendentes, como demuestran las múltiples declaraciones en medios de comunicación. "Conecté mi cerebro con el de mi mujer y fue más íntimo que el sexo", rezan desde el titular de un artículo sus declaraciones al periódico *ABC* en abril de 2013.

Los reclusos se convierten en cobayas

Retrocedamos un poco en el tiempo, situémonos en el período que abarca desde finales de los años noventa hasta los primeros años del nuevo milenio. Para entonces, hace ya mucho que el chip de la Mondex Smartcard ha pasado de la fase de proyecto, ha superado todos los mecanismos de control gubernamental, bancario y ético. Es utilizado en la práctica por millones y millones de ciudadanos.

Entretanto, en el estado norteamericano de California, nace otro proyecto tan ambicioso como inquietante. Allí se experimenta con microchips que se proceden a implantar en los reclusos conflictivos. De nuevo la pérdida de libertad personal y derechos civiles se parapeta en el discurso del beneficio común: el de la seguridad. Se supone que servirá para el bien de la sociedad y del propio recluso.

Se escoge a presos violentos que experimentan episodios de agresividad que no pueden controlar. Pero en el fondo, se busca a todo aquel con tendencia a la disconformidad, a todo aquel poco permeable al adoctrinamiento. Gracias a esta variante de microchip es posible hacer caer a cualquier individuo en trance, inducirle al sueño durante largos períodos. Un mecanismo así vulnera las libertades civiles y los derechos recogidos en la constitución de la mayoría de estados del mundo.

Los resultados de este experimento han sido clasificados y se han intentado mantener ocultos. No obstante, una concienzuda búsqueda en la red de redes deja constancia de testimonios que, más de veinte años después, mantienen que ese experimento tuvo lugar. Entradas en foros de debate y peticiones en change.org protagonizadas por reclusos que fueron y son víctimas de este y subsiguientes experimentos. La mayoría afirma tener aún implantado el microchip y exigen que salga a la luz la verdad.

En busca de la inmortalidad

Remontémonos de nuevo a los noventa y saltemos de continente. Paralelamente a los trabajos que desarrolla Kevin Warnick, en Reino Unido se llevan a cabo otros esfuerzos en direcciones similares. El nombre del nuevo proyecto: Soul Catcher. A la cabeza del proyecto, el doctor Chris Winter. Winter y su equipo trabajan en un dispositivo cuyo objetivo es registrar la actividad cerebral de los individuos. El dispositivo está pensado para ser introducido físicamente en el interior del cráneo, vinculado con los nervios ópticos si atendemos a la información filtrada. Que el proyecto se desarrolle bajo el citado nombre (Soul Catcher significa en inglés, literalmente, "cazador de almas") deja pocas dudas sobre su finalidad: obtener un registro de las vivencias de cada individuo en un formato que resulte reproducible y almacenable. No solo será posible estudiar de manera pormenorizada infinidad de datos íntimos, sino que también se podrá resucitar virtualmente al individuo después de su muerte. La búsqueda esotérica del Santo Grial que concedía la inmortalidad ha pasado al mundo virtual.

La empresa detrás de todo ello: British Telecom, la gigante de las comunicaciones multinacional que a día de hoy sigue operando en cerca de doscientos países. Nuevamente las filtraciones se encubren, los testimonios se silencian, y sin embargo siguen resistiendo a la censura noticias de proyectos parecidos y sus más que posibles vínculos con los illuminati en medios de comunicación alternativos.

De los numerosos ejemplos de experimentos pioneros para el control a través de un microchip, muy probablemente el más representativo sea el del VeriChip, en tanto que ha sido tan documentado y con tanta profusión que ni fuentes tan contrastadas como Wikipedia ponen en duda su existencia ni su comercialización. En el siguiente capítulo trataremos en profundidad lo que supuso este implante y cómo cambió para siempre el concepto de control.

LA DISTOPÍA YA ESTÁ AQUÍ

En los inicios del siglo XX, arranca el género de la distopía, una variante de la ciencia-ficción en la que el estado controla a sus ciudadanos que han perdido todas sus libertades. Muchas de ellas emplean los avances tecnológicos para someterlos, lo cual no está demasiado lejos de lo que sucederá con el implante de un chip que registre nuestra actividad. Repasemos algunas de ellas y encontraremos inquietantes similitudes con nuestro día a día.

1984, de **George Orwell**. El autor describe una sociedad en que los individuos son grabados por cámara y micrófonos. Los datos son analizados para señalar a los disidentes. Los ciudadanos ya no escribían, grababan sus mensajes (como notas de voz de WhatsApp) y se controlaban todas las comunicaciones entre la población.

Fareneheit 451, de **Ray Brad-bury**. En el siglo XXIV los bomberos se dedican a quemar libros, pues está prohibido leer. La televisión y la radio dan una versión oficial de la realidad que atonta a las masas y así es mucho más fácil de controlar. Pero un bombero sentirá la necesidad de saltarse la norma y entender los peligros que conlleva la lectura que incita al pensamiento individual.

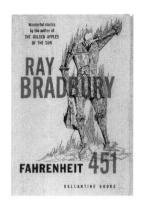

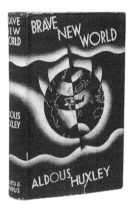

Un mundo feliz, de **Aldous Huxley**. En el año 2540 la genética ha posibilitado una ordenación por clases de la sociedad, en la que cada individuo está programado para pertenecer a un estamento y ser feliz con su condición. La maternidad y las familias han sido eliminadas gracias a un tipo de reproducción artificial. Se recogen los principios illuminati donde se prescinde de la familia y se entiende que una elite es la que ejerce el poder.

La naranja mecánica, de **Anthony Burguess**. Un joven agresivo es sometido en prisión a un experimento en el que mantienen sus ojos abiertos con ganchos y le exponen a imágenes violentas mientras le drogan para que aborrezca esos comportamientos. El cartel de la adaptación cinematográfica que dirigió Stanley Kubrick en 1971 muestra un ojo y una pirámide, que sugieren simbología illuminati.

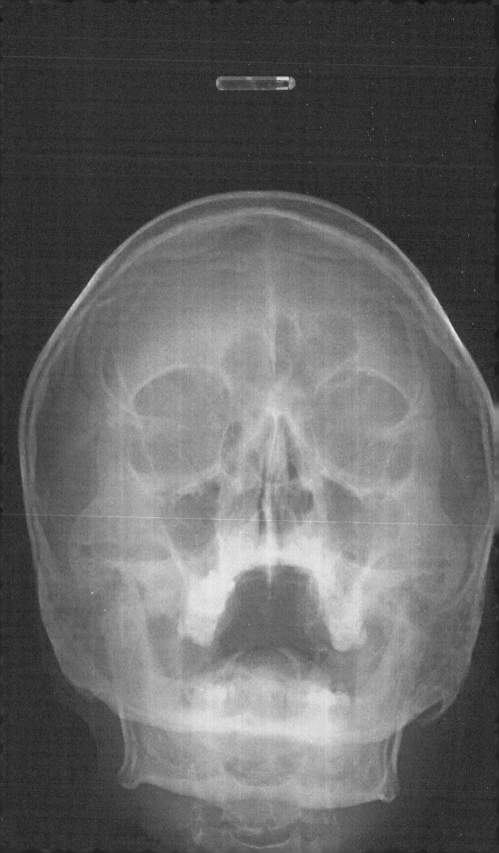

CAPÍTULO 16
CONTROLADOS POR LA TECNOLOGÍA.
(PARTE II)

Como se ha explicado en el capítulo anterior, las nuevas tecnologías ofrecen herramientas de control llenas de posibilidades para los illuminati. Sus seguidores se han situado en la primera línea de las compañías tecnológicas que no tienen que rendir cuentas a ningún gobierno ni obedecer ninguna ley, pues son consorcios transnacionales nacidos al amparo de la globalización. Los negocios tecnológicos garantizan el enriquecimiento de sus miembros y el control de la sociedad.

El caso del chip implantable, que ya se ha tratado en el capítulo anterior, es seguramente el más paradigmático y algunos analistas coinciden en que se trata de la gran apuesta tecnológica de esta sociedad secreta. Si en el capítulo anterior se abordaba el contexto y las primeras acciones, en este se tratará el desenlace, que no puede ser más inquietante.

Verichip, un primer implante aplicado masivamente

En los primeros años del nuevo milenio, la Administración de Alimentos y Medicamentos del gobierno de los Estados Unidos aprueba una tecnología estrechamente vinculada al espíritu de la Orden. Se trata de un momento histórico: se admite abiertamente la existencia de este tipo de tecnología y por primera vez cuentan con luz verde a nivel gubernamental.

Nuevamente se trata de un microchip implantable en humanos. La empresa desarrolladora, VeriChip Corporation, desapareció sin dejar rastro, aunque una copia de su página oficial con la información del proyecto sigue presente en archive.org. La coartada que se ofreció al público durante la campaña de lanzamiento fue la posibilidad de utilizarlo para localizar personas con enfermedades o desórdenes mentales, la de almacenar el historial médico completo y otros muchos datos que no se detallan. En la práctica, Verichip adoptaba la forma de un diminuto dispositivo electrónico de forma tubular y poco mayor que un grano de arroz. Una vez registrada la información pertinente, el dispositivo se ubicaba en uno de los brazos del individuo mediante una sencilla operación quirúrgica. Una vez implantado, resultaba indistinguible a simple vista.

El lanzamiento del producto tuvo lugar a varios niveles y en diversos países, de entre los que cabe destacar México. El historial de corrupción que precede a este país parece reforzar la tesis de que los tentáculos de la Orden de los illuminati lo eligieron como un laboratorio en el que ensayar sus nuevos mecanismos de dominación. Se barajan, en México, diversos nombres asociados a la conspiración, de entre los que destaca el de el procurador Rafael Macedo de la Concha, que con fines propagandísticos se hizo implantar el chip, al igual que otros allegados suyos. En 2004 se creó el Centro Nacional de Información Mexicano desde donde se gestionarían y administrarían las bases de datos asociadas al microchip diseñadas para almacenar su información. Los vínculos del procurador Rafael Macedo de la Concha, el Centro Nacional de Información Mexicano y la Orden de los illuminati han quedado ya más que establecidos por el escritor Paul H. Koch en su célebre ensayo *Illuminati*.

Brasil, por su parte, tuvo como cabeza de lanza al senador Antonio de Cunha Lima, que participó activamente en la campaña de difusión del microchip hasta el punto de hacerse también implantar uno para dar ejemplo. Reino Unido, por otra parte, fue uno de los primeros países europeos que barajó su implantación, defendiendo sus beneficios en materia de seguridad y salud.

La libertad individual no cuenta

El tema de la privacidad jamás se abordó, ni tampoco las posibles consecuencias e implicaciones de una implantación global. Se recalcaron sus aplicaciones a nivel de seguridad, en el ámbito médico. Los beneficios para los niños, para las personas dependientes, para los accidentados, para todo aquel que se hallara de pronto en una situación de emergencia, para los internados en hospitales de salud mental con fallos de memoria, con episodios esquizofrénicos, con episodios psicóticos. El seguimiento de personas constituía otra de sus aplicaciones. Todo sonaba razonable. Otros intentos similares se produjeron en la misma época en muchos países.

Estados Unidos dio el visto bueno. Con la aceptación y homologación por parte de la Administración de Alimentos y Medicamentos del VeriChip, se señalaba a todas las demás naciones el camino a seguir. Se les enviaba el mensaje de que las barreras legales se podían vencer, que los aspectos éticos del tema resultaban perfectamente salvables si le hablabas a la población en términos de salud, de seguridad. Que no había, en definitiva, problema alguno. La dominación sería bienvenida si se la servía envuelta en terciopelo. Y la libertad individual ni se mencionaba, parecía una minucia en comparación a los beneficios que se prometían.

Empezaba una nueva era en la que nos vemos todavía inmersos y que no ha hecho más que remitirse a sí misma con tecnologías cada vez más sofisticadas. Se daban más y más pasos adelante en pos de un control totalitario de las personas y se cruzaba una nueva línea roja que difícilmente se podrá desandar.

Un microchip es para siempre

Con el VeriChip, la transferencia de datos se llevaba a cabo mediante RFID (Radio Frequency Identification), un sistema de identificación por radiofrecuencia. Esta tecnología tiene la particularidad de que,

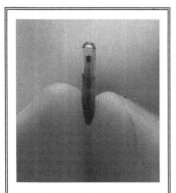

El chip de la empresa VeriChip era poco mayor que un grano de arroz.

por un lado, permite operar con chips pasivos, es decir, con aquellos que no precisan de alimentación eléctrica para funcionar. De este modo los microchips podrían permanecer implantados sin necesidad de extracciones periódicas para la carga. Por otro lado, a diferencia de sistemas como los infrarrojos, que hacen necesario que el lector y el dispositivo leído se enfrenten, en este caso basta con la cercanía del individuo con el lector para que se lleve a cabo la transferencia.

La lectura del VeriChip ofrece a los dispositivos lectores la información registrada en forma de una cadena de 16 caracteres. Dicha cadena está vinculada a bases de datos, gestionadas por organismos creados a medida, como el Centro Nacional de Información Mexicano, en los que no se sabe bien quién está al frente, quién tiene acceso o en qué consisten los protocolos de seguridad. Tanto las empresas como los gobiernos implicados trabajan en la misma dirección: el control de la población. Puesto que el VeriChip estaba desarrollado para casos de emergencia que no podían admitir espera (la rápida localización de personas extraviadas o la información relativa a la glucosa en la sangre en pacientes diabéticos, por ejemplo), en su *hardware* y en su *software* los datos no se hallan encriptados. El acceso a los mismos resulta así pues relativamente sencillo para todo aquel que posea la tecnología adecuada.

Otro dato desasosegante es que los microchips pasivos no precisen ni de alimentación, pues está dotado de una batería de litio recargable. Una vez implantado el VeriChip, se desaconseja su extracción, ya que una rotura permitiría la entrada de una sustancia venenosa como el litio en el organismo.

La misteriosa desaparición del proyecto

El VeriChip no fue un sueño, no fue un proyecto, no fue una entelequia. El VeriChip se implantó en personas de todo el mundo. Flota en el aire la pregunta de por qué no siguió adelante la campaña.

En 2010 se dejaba de comercializar este producto en concreto, si bien se anunció también que seguían las investigaciones con el objetivo de aplicarse en el campo veterinario. Las explicaciones para que no se implantara masivamente en humanos (o por lo menos eso fue lo que se comunicó en su momento a través de las vías oficiales), se fundamentaba en los cerca de doscientos dólares que costaba, que lo hacían prohibitivo, en especial en los países en vías de desarrollo que se utilizaron como conejillos de indias. Se dijo también que los motivos de que su implantación no fuera la inicialmente prevista fueron "ajenos a VeriChip Corporation".

La culpa de este fracaso podría deberse a fallos en el aparato de propaganda, en que el mensaje no caló en la ciudadanía. "En los países en vías de desarrollo que se usaron como base para el experimento, los ciudadanos no estaban preparados para el adoctrinamiento", reza un artículo publicado en su día en conspiracyarchive.com que todavía puede consultarse en archive.org.

Existe otra teoría con muchos partidarios en su día en disinfo. com: acaso el VeriChip fue retirado del mercado por orden de los illuminati, que exploraron otras vías de control que no requerían de una inversión tan alta.

Al margen de quienquiera que estuviera detrás de la retirada, lo importante es que después de que el VeriChip viera la luz el escenario había cambiado por completo.

Un nuevo escenario

Por una parte, gracias al experimento del VeriChip, se demostraba de una vez por todas que gracias a la endiablada velocidad a la que avanzan las nuevas tecnologías, era posible crear, comercializar e implantar en humanos herramientas de control tan sofisticadas como esta. Quedaba constancia además que gobiernos e instituciones se plegarían ante propuestas similares, que solo era cuestión de ofertar el producto en términos atractivos. La prevaricación y las influencias se ocuparían del resto.

Elon Reeve Musk es un físico, emprendedor, inventor y magnate sudafricano, cofundador de PayPal, SpaceX, Hyperloop, SolarCity, The Boring Company, Neuralink y Tesla Motors. Y una de las fortunas más grandes del mundo.

Han transcurrido más de diez años desde que el VeriChip dejara de venderse al público. Búsquedas rápidas del término *verichip* en las páginas de la Red o en YouTube ponen de manifiesto la aparición y la proliferación de muchos otros dispositivos similares no ya en foros alternativos, sino en medios generalistas como el *The Wall Street Journal*, las cadenas de televisión ABC News y NBC News o Al Jazeera. Implantaciones bajo la piel de la mano, del brazo, de la mandíbula. Incluso en el interior del propio cráneo, como veremos a continuación.

En 2005, Amal Graafstra, un experto informático que en los noventa fundó una empresa proveedora de acceso telefónico a internet, se implanta un microchip en la mano izquierda. Ese mismo año se hizo implantar una nueva versión microchip, y poco después presentó una pistola inteligente que únicamente disparaba tras leer información del microchip.

En 2009, el científico británico Mark Gasson se hace implantar también un microchip en la mano izquierda y demuestra que su funcionamiento puede modificarse mediante virus informáticos que se propagan entre dispositivos.

En 2014 es Nikolas Badminton, presidente de empresas como Vivokey o Dangerous Things, quien se hace implantar una nueva encarnación del microchip en la mano.

El discurso, siempre el mismo: salud, seguridad, comodidad. Un mayor control sobre el entorno y sobre la propia vida. Quién en su sano juicio podría manifestarse en contra.

La nueva generación: Elon Musk y el Neuralink

No obstante, para presenciar el mayor salto en el ámbito del control vía implantes tendremos que esperar hasta fechas muy recientes. En 2020 se encadenan diversos acontecimientos significativos, todos ellos con Elon Musk en el epicentro y con un nuevo microchip del que sin duda seguiremos oyendo hablar en el futuro: el Neuralink.

El proyecto Neuralink se remonta a 2016, con la fundación de la Neuralink Corporation, la empresa encargada de su desarrollo. A finales de 2020 tienen lugar dos hechos de gran peso. Por un lado, Elon Musk, el multimillonario sudafricano mundialmente célebre por estar detrás de proyectos como los automóviles eléctricos Tesla o la agencia privada espacial SpaceX, multiplica su fortuna, convirtiéndose definitivamente en el hombre más rico del mundo, por delante de Jeff Bezos, Bill Gates o Mark Zuckerberg. Por otra parte, tras cuatro años de concienzudo desarrollo, Elon Musk presenta por fin públicamente el Neuralink.

El dispositivo, en esta ocasión, no se implanta en el brazo ni en la mano, sino en el propio cráneo. Para ello es preciso retirar un fragmento circular de hueso que en adelante será ocupado por el ingenio. Este tiene el tamaño aproximado de una moneda y establece conexión directamente con las terminaciones cerebrales humanas al tiempo que se vincula vía Bluetooth con todo tipo de dispositivos electrónicos, con los que podrá en adelante transferir datos de manera bidireccional.

Para demostrar cómo funciona el Neuralink, Musk publica un vídeo demostrativo que pronto supera los cuatro millones de visitas en YouTube. En él se ve la actividad cerebral de una cerda llamada Gertrude, a la que se le ha implantado el microchip. Gertrude camina por una cinta transportadora y el microchip predice sus próximos movimientos, se anticipa a ellos. Tras la narrativa oficial (que ahonda de nuevo en las aplicaciones de la tecnología en materia de salud), lo que tenemos en definitiva es un dispositivo capaz de registrar y guiar los movimientos físicos de cualquier animal o humano.

Elon Musk y la conexión illuminati

Musk lleva años publicitando el Neuralink, dando conferencias y ofreciendo entrevistas en las que anticipa que, en cuestión de un par de décadas, tal vez menos, el microchip formará parte de nuestras vidas como el teléfono móvil. Anticipa también que aunque en este primer momento puede resultar demasiado caro para la mayor parte de la población, en breve costará unos pocos cientos de dólares.

Por las mismas fechas en las que se publica el vídeo demostrativo del Neuralink, Elon Musk cambia sus fotos de perfil y sus avatares en las redes sociales por una imagen de *Deus Ex*, un célebre videojuego.

El argumento de *Deus Ex*: un agente gubernamental lucha por destapar la conspiración de los illuminati y sus planes para dominar el mundo. Dicha dominación se va a llevar a cabo mediante la creación y la propagación de un virus.

Curiosamente, el protagonista del videojuego se parece sospechosamente al propio Musk, que desde su cuenta de Twitter se burla de los muchos internautas que le acusan de pertenecer a la Orden de los illuminati.

Han transcurrido más de diez años después de que el VeriChip dejara de venderse. Y sin embargo, este no es su final, sino más bien su principio.

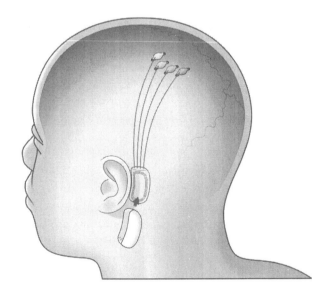

CRONOLOGÍA DEL IMPLANTE

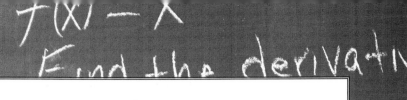

1998: Kevin Warnick, a la cabeza del área de Cibernética de la Reading University (Reino Unido), se hace implantar una primera encarnación del microchip.

1999: La multinacional Applied Digital Solutions, en asociación con más de cien empresas, comercializa y distribuye el VeriChip en una veintena de países de todo el mundo.

2004: La Food & Drug Administration de los Estados Unidos aprueba por primera vez en la historia la comercialización del VeriChip.

2010: El VeriChip es retirado del mercado sin más explicaciones.

2014: Durante la Conferencia From Now, Nikolas Badminton, uno de los organizadores del evento, se hace implantar una nueva versión del microchip.

2016: Elon Musk funda Neuralink Corporation y empieza a desarrollar su propio microchip.

2020: Elon Musk, convertido en el empresario más rico del mundo, presenta oficialmente el Neuralink, un microchip implantable en humanos y vinculable vía *bluetooth* a ordenadores y equipos informáticos. Para la demostración de su funcionamiento se vale de una cerda llamada Gertrude.

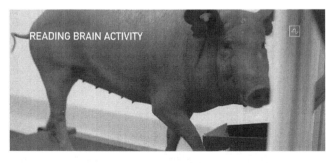

READING BRAIN ACTIVITY

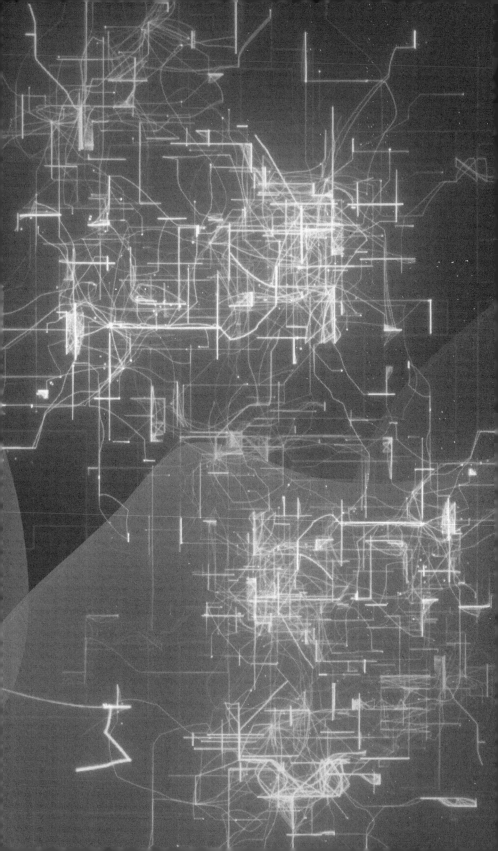

CAPÍTULO 17
LOS GUARDIANES DE LAS SIETE LLAVES

Probablemente la práctica totalidad de los lectores no ha oído jamás hablar de la ICANN, pues no aparece en los medios de comunicación ni se suele poner el foco de atención en ella. Aún así, se trata de un organismo documentado sobre internet y que posee su propia entrada en todos los idiomas de Wikipedia. Sus siglas en inglés (Corporation for Assigned Names and Numbers) responden a Corporación de Internet para la Asignación de Nombres y Números. La importancia de esta organización es la más alta imaginable, y resulta relativamente fácil de entender incluso para aquellos que no posean demasiados conocimientos técnicos.

Internet funciona del siguiente modo: cada vez que accedemos a una página web, un ordenador central se encarga de reemplazar la dirección que escribimos en la barra de direcciones del navegador (que típicamente responde www.nombrededomio.com/carpeta/página.html) por su dirección IP, una cadena de números carente de todo sentido (por ejemplo 216.58.213.174). Estos números conforman la verdadera dirección de la página, mientras que el nombre del dominio no es más que un alias. La cadena 216.58.213.174 de nuestro

*ICANN es la todopoderosa organización que
controla en última instancia la red de redes.*

ejemplo es la dirección *real* que permite acceder a Google en el momento presente. Sin que el ordenador central establezca la asociación entre 216.58.213.174 y google.com, navegar no sería posible.

En el epicentro illuminati

Las equivalencias entre las direcciones de las que nos valemos para buscar información y estas cadenas de números complejas se almacenan en una gigantesca base de datos que no ha dejado de crecer desde su creación. La entidad que gestiona estos datos es la ICANN, con sede en Marina del Rey, California.

Curiosamente el mismo estado estadounidense en el que la Orden de los illuminati ha sido acusada de llevar a cabo experimentos con microchips en la población reclusa; un estado señalado en disinfo.com y en conspiracyarchive.com como sede americana de los illuminati.

En Marina del Rey, muy cerca de Los Angeles, está pues una de las bases más importantes de datos de internet del mundo. Años después de su creación, se abrió otra en el estado de Virginia, por si por cualquier incidencia la de California quedara inoperativa. Pero aquí también hay que remarcar otra "casualidad" a tener en cuenta: Virginia es el estado que alberga el cuartel general del FBI. Dos puntos estratégicos en suelo estadounidense para controlar las operaciones a través de la red de 3.700 millones de usuarios en todo el mundo.

Esta red debe protegerse de los ataques piratas. Si estos estuvieran probando millones de contraseñas durante mucho tiempo podían dar con la que rige todo este sistema. Por eso, cada tres meses se ha de cambiar esa "súpercontraseña". Y se hace entre las mayores medidas de seguridad y siguiendo un ritual.

Desde la Corporación de Internet para la Asignación de Nombres y Números (ICANN) se crearon catorce llaves maestras que brindan acceso a la base de datos del ordenador central y permiten cambiar la súpercontraseña. Cada una de las llaves se puso en manos de distintos individuos. Estos serían, en adelante, los encargados de velar por la seguridad de la red de redes y se dividirían en dos grupos.

Para que esta trama de seguridad se desarrolle de acuerdo con lo previsto, hacen falta que cada trimestre siete personas ejecuten un ritual. En verano y en invierno, uno de los equipos de siete personas lo harán en California. En otoño y primavera, el otro se desplazará a Virginia. Los de California son los suplentes de los de Virginia y viceversa por si alguno no pudiera acudir a la cita, por la razón que fuera.

La liturgia de las siete llaves

Lejos de ser una metáfora, las llaves que salvaguardan los guardianes son llaves reales, palpables, físicas. Antes de emplearlas, antes de llegar al ordenador central, cada uno de los guardianes debe pasar a través de diversos dispositivos de seguridad: la liturgia contempla atravesar una serie de puertas blindadas equipadas con escáneres de huellas dactilares, sensores biométricos en la palma de la mano y sistemas de protección mediante contraseñas. Solo tras cruzarlas todas y llevar a cabo todas las verificaciones pertinentes, se accede a la cámara segura en la que se encuentran los equipos informáticos. En total son siete controles por los que ha de pasar cada uno de los siete guardianes hasta llegar a la sala en la que podrán cambiar la madre de todas las contraseñas. En ella, operan potentes dispositivos ofuscadores que previenen todo tipo de comunicaciones electrónicas con el exterior.

Solo entonces pueden emplearse las llaves de cada uno de los guardianes que dan acceso a cajas de seguridad. Dentro de dichas cajas se encuentran los dispositivos de memoria criptográficos mediante las cuales se crean las claves que garantizan el correcto funcionamiento de los sistemas que vinculan direcciones web (dominios y nombres de páginas) con direcciones IP (incomprensibles cadenas de números).

¿Quiénes son los guardianes?

Los guardianes de las siete llaves son ciudadanos de países como Estados Unidos, Canadá, Reino Unido, Trinidad y Tobago, Burkina Faso, China, la República Checa o Uruguay. Se trata pues de una reunión internacional entre siete personas a la que las llaves les confiere un poder excepcional.

Desde la ICANN los guardianes reciben el nombre de "Representantes confiables de la comunidad". Sin embargo, poco más se sabe de cómo se escogen y cuál es el criterio para que se les considere "confiables". En su página oficial indican que a nivel de funcionamiento interno, esta entidad debe regirse por sus reglamentos, aunque no especifica cuáles son. Aportan definiciones tan vagas como: "ICANN se compone de una serie de grupos diferentes, cada uno de los cuales representa un interés distinto en internet y que en conjunto contribuyen a cualquier decisión final que tome ICANN". ¿Quiénes son esos grupos? ¿Por qué han sido elegidos para este trabajo? Nada de esto aparece especificado en la página, que proporciona algunos nombres, pero deja muchos interrogantes por resolver.

La cuestión no es baladí. Los guardianes gestionan unos intereses económicamente astronómicos. En 2017 el comercio online supuso ganancias de 2,3 billones de dólares y su crecimiento es exponencial. Se prevé que en 2021 alcance los 4,5 billones. Por tanto los guardianes tienen una responsabilidad enorme y muchas podrían ser las presiones que recibieran para utilizar su poder con otras finalidades.

Quién vigila a los vigilantes

La ICANN defiende este trámite amparándose en la seguridad y alertando sobre lo que podría llegar a suceder si estas claves cayeran en las manos de alguna organización malintencionada o de algún individuo con poder suficiente como para obtenerlas.

Sin la base de datos del ICANN, internet tal como la conocemos no existiría. Sin la base de datos del ICANN, internet dejaría de funcionar. Ni siquiera exactamente esto, sino que a partir del vínculo que escribiéramos o sobre el que pulsáramos, seríamos redirigidos no a la página cuya información deseamos consultar, sino a cualquier otra que la organización escogiera. Literalmente cualquiera.

EL OSCURANTISMO
DE LA ICANN

En su página oficial esta entidad presenta una serie de definiciones que no aclaran nada. Por ejemplo: "ICANN se fundó en 1998 como asociación sin ánimo de lucro y en ella se reúnen personas de todo el mundo cuyo objetivo es asegurar que internet sea segura, estable e interoperativa".

¿Quién? ¿Cómo? ¿Con qué presupuesto? Estas preguntas no quedan contestadas. Y la definición "sin ánimo de lucro" no se corresponde con la realidad. En 2001 un artículo de la revista *Baquia*, especializada en tecnología, acusaba a la ICANN de oscurantismo en su gestión y de favorecer los intereses de las grandes corporaciones en detrimento de las pequeñas. "Un ejemplo fue la exigencia de una cuota inicial de 50.000 dólares a fondo perdido para presentar propuestas de dominios que alejaba a las organizaciones sin ánimo de lucro y a otras instituciones con escasos fondos", rezaba el artículo.

La ICANN fue creada por el gobierno de Estados Unidos, bajo el auspicio de Bill Clinton y George W. Bush. Detrás están grandes corporaciones que desde sus inicios han creado un lobby para defender sus intereses. ICANN se constituyó después de que varias empresas privadas vendieran sus servicios de seguridad. En 2010, Verisign vendió sus servicios de SSL y PKI por 1.280 millones a Symantec. Después esta vendió los mencionados servicios a The Carlyle Group. Curiosamente, para este grupo han trabajado George Bush padre e hijo, además de diferentes miembros de su gabinete.

Esta empresa por tanto dependió de Estados Unidos desde su fundación hasta que en marzo de 2016, durante el mandato de Barack Obama, cuando se liberó del control de este gobierno y pasó a depender del comité de 29 países. De todas formas, al estar ubicada en Estados Unidos, sigue dependiendo de la legislación de este país.

Muchas son las voces que se han alzado para que la ICANN, que se define a sí misma como una "entidad pública-privada", pase a depender de la ONU. Pero es muy difícil que esto ocurra, pues influyentes grupos económicos se oponen.

Quienquiera que obtenga acceso al control central de la base de datos del ICANN obtiene el control absoluto de internet, y puede desmantelarla o dirigir a sus usuarios adonde le plazca. O reescribirla por completo sustituyendo los dominios legítimos por otros de creación propia. Podemos pensar en todo ello como un *phishing* (las técnicas que utilizan los hackers para delinquir) a nivel absoluto y exhaustivo: da lo mismo las veces que alguien compruebe que ha escrito correctamente la dirección de la página: todas, absolutamente todas las páginas de internet se podrían convertir en fraudulentas. Las credenciales y la información individual quedarían a merced de siete llaves, de catorce personas que ejercen de guardianes de las mismas. Desconocidos que no han sido votados por los usuarios.

La pregunta que se deriva de la situación es obvia: quién vigila a los vigilantes, quién se encuentra detrás de la ICANN, creada por cierto durante el mandato de George W. Bush. Quiénes son los responsables de esta organización, que son nombrados y elegidos de manera absolutamente opaca. Quiénes son los guardianes de las siete llaves y por qué han sido precisamente ellos los elegidos. Qué pasa si el enemigo no estuviera fuera, sino dentro de la propia ICANN. En los puestos directivos. Aguardando mandatos de sus superiores en la Orden. No se trata de una hipótesis, pues uno de ellos, Ondrej Sury, de la República Checa, ha sido repetidamente señalado como miembro de los illuminati. Bevil Wooding, de Trinidad y Tobago, es también reconocido como illuminati.

Desde 2010, el riguroso diario británico *The Guardian* ha abordado el tema de la reunión de los guardianes de las siete llaves sin lograr revuelo alguno en la opinión pública. El flujo de información en la era de las comunicaciones globales es tan grueso y tan tupido que lo enmascara de cuestiones como esta, que afectan a todos los ciudadanos. De todas formas, también se emplean otras tácticas como la censura.

La mente dispersa

¿Cómo es posible que la población en su inmensa mayoría no haya oído hablar de las siete llaves de internet y de sus guardianes, del VeriChip, del Neuralink? Se trata de información documentada en medios generalistas y que en otro tiempo habría despertado sospechas muy serias. Hoy el mundo es otro. Nuestra manera de relacionarnos ha cambiado, nuestros hábitos a la hora de informarnos han cambiado, o tal vez sería más preciso decir que nos los han cambiado, que nos han empujado progresivamente en la dirección que han decidido.

La forma en la que localizamos y absorbemos información es radicalmente distinta a la de hace apenas cuarenta años. La constante conectividad y la portabilidad de los dispositivos tienen un peso enorme sobre el funcionamiento cerebral, sobre la capacidad para seleccionarla y darle credibilidad, sobre la posibilidad de relacionarla y atar cabos. Sobre nuestra memoria.

A este respecto se han alzado multitud de voces, como la de Nicholas Carr, que lleva décadas escribiendo sobre nuevas tecnologías para los principales medios internacionales (entre ellos *Financial Times*, *The New York Times*, *The Wall Street Journal* o *Die Ziet*). Es autor además de *Superficiales. ¿Qué está haciendo Internet con nuestras mentes?*

"Internet perjudica nuestra capacidad para mantener la atención, nos hace menos contemplativos y reflexivos y por ello erosiona nuestra capacidad de pensar de forma autónoma y profunda (denuncia este experto en una entrevista publicada en *La Voz de Galicia* en 2011). Las nuevas tecnologías tienen un precio: el debilitamiento del pensamiento más profundo, conceptual, crítico y creativo, que necesita reflexión y aislamiento, y no la distracción permanente que supone conectarse. La capacidad para centrarse en una sola cosa es clave en la memoria a largo plazo, en el pensamiento crítico y conceptual y en muchas formas de creatividad". Pero como él mismo vaticina, este tipo de discursos no encuentran en el lector la reflexión necesaria para posibilitar un cambio.

"Internet hace que disfrutemos de ser superficiales", opina en una entrevista al diario *ABC* ese mismo año. Nicholas Carr prosigue así en otra entrevista realizada por el periódico *El País* en 2019: "Es una tontería pensar que la tecnología es neutral. Creo que uno de los grandes problemas de la gente utilizando buscadores para descubrir información es que pierden de vista el hecho de que los buscadores están determinados por la popularidad. Google socava nuestra capacidad de pensar de manera profunda. Tiene un sesgo, nos empuja a comportarnos y a pensar de una manera determinada. Facebook es un negocio basado en espiarnos y manipularnos. Hay evidencias científicas que demuestran que los medios digitales nos empujan hacia un pensamiento superficial y alejado del rigor. Y todo es mucho peor desde que llevamos encima un *smartphone* todo el tiempo".

Esta es la opinión que mantienen también plataformas como forbiddenknowledge.com, conspiracyplanet.com, conspiracyarchive.*com*: la dispersión y la sobreinformación favorecen a las elites, son el caldo de cultivo de los illuminati. Las dinámicas actuales previenen que comprendamos cómo funciona el mundo y evitan que veamos el cableado tras la tramoya. Como bien señala Carr: "Aunque sientes que eres un esclavo de la tecnología es muy difícil pararlo". Y sin embargo ser consciente de la propia esclavitud es el primer paso en el camino para romper las cadenas.

EL RITUAL MASÓNICO DE LAS LLAVES

El hecho de que sean siete los guardianes de las llaves no es casual. Las siete llaves se han asociado tradicionalmente a la alquimia, a las órdenes secretas, a lo arcano. Y el número 7 ha sido repetidamente vinculado a los illuminati. También se ha destacado que la séptima letra del alfabeto es la G, que a su vez encabeza el nombre de George W. Bush. Combinando las grafías de cuatro números 7 es posible dibujar una esvástica.

La forma en la que se lleva a cabo la comprobación de seguridad parece más bien el ritual de una logia. Así se definió en un artículo publicado en 2016 en *XLSemanal*, un suplemento del diario *ABC*, firmado por Carlos Manuel Sánchez, que lo presenció: "La ceremonia, que dura unas dos horas y media, tiene de todo. Desde tecnología puntera al papeleo burocrático más aburrido, pasando por ritos iniciáticos que bien pudieran valer para una fraternidad masónica".

CAPÍTULO 18

UNA ROSA Y UNA CRUZ PARA CONSPIRAR

Como hemos ido viendo a lo largo del presente libro, las raíces de la Orden de los illuminati arrancan en el 1776, se extienden hasta el momento actual y se proyectan en el futuro. En el intervalo, los cambios que ha sufrido el mundo han sido tremendos y muchos han sido orquestados por los illuminati.

De todos modos, existen otras sociedades, previas a los illuminati, de las que se sigue hablando. Podemos avanzar que con el tiempo se han convertido en "sucursales" de los illuminati. Estos, tal y como hicieron con la masonería, se han infiltrado en sus filas hasta tomar el control. Por otra parte, desde la Orden también se han impulsado nuevas sociedades. Todo no es más que un juego de espejos para camuflar el rastro de los illuminati. Esta sociedad secreta es una hidra de mil cabezas pero con un solo cuerpo formado por la elite económica que controla el mundo.

Las sucursales de la Orden

Incluso entre aquellos que dudan de la existencia de los illuminati, surgen las dudas tan pronto obtienen acceso a la abundante documentación con la que contamos sobre sociedades como Skull & Bones, las diversas órdenes creadas a partir de Rosacruz o, por supuesto, el Club Bilderberg, mencionado en anteriores capítulos.

Los illuminati ya no necesitan referirse a sí mismos como illuminati, es importante no despertar sospechas. Tras siglos conspirando y poniendo en práctica sus planes de dominación, el apelativo de la Orden y parte de su ideología habría ido transfiriéndose a otras logias.

En la sociedad tecnológica del siglo XXI incluso sus iconos y su simbología habrían dejado de resultar fundamentales para que se reconocieran entre sí, para establecer contacto, para intercambiar influencias. El núcleo duro que ejerció de motor para la fundación de la Orden y para su pervivencia generación tras generación, permanecería intacto: existe una elite, da igual como queramos llamarla, que vincula entre sí a las figuras más poderosas del mundo a nivel de política, de finanzas, de popularidad. Su único fin: la dominación mundial.

La Orden de los illuminati ha pasado a lo largo de los tiempos por ramificaciones y escisiones. Ha operado y opera por tanto bajo diversos alias que, no obstante, forman parte de un mismo todo. El nombre que empleemos para designarla, así pues, no tendrá un peso significativo en la ecuación.

Entre los muchos alias, escisiones o nuevos apelativos bajo los que opera la Orden, destacan tres cuya existencia y presencia en las más altas esferas de poder parece documentada: Skulls & Bones, Rosacruces y sobre todo, el Club Bilderberg. La documentación con la que contamos sobre este último grupo nos proporciona evidencias para señalarlos como sucursales de nuevo cuño de los illuminati y merecen tratarse en capítulos aparte.

Un plan que viene de lejos

El concepto de aunar las diferentes sociedades secretas bajo el mando de los illuminati está presente desde su fundación. Tras su rápida expansión, se infiltraron en las logias masónica y captaron a muchos de sus adeptos, a los que se les permitió pertenecer a ambas agrupaciones.

Recordemos que como se señalaba en anteriores capítulos de este libro, en 1782, en el encuentro de las diferentes logias masónicas que tuvo lugar en el convento de Wilhelmsbad, los illuminati intentaron liderar la masonería. Y pese a que encontraron la resistencia de la Gran Logia de Inglaterra, con la cual se enfrentaron, se hicieron con el apoyo de buena parte de la masonería que incorporó sus rituales a su liturgia.

¿Existió realmente el supuesto fundador de los Rosacruz, Christian Rosenkreuz, o es una cortina de humo?

Mientras la masonería se rendía a los pies de los illuminati, que al ser una sociedad secreta de nuevo cuño insuflaba aires de modernidad a sus logias, los rosacruces se mostraban más reacios. O tal vez eso es lo que les interesaba aparentar en ese momento. La historia que nos ha llegado es que el barón Adolph von Knigge, el brazo derecho por aquel entonces del fundador de los illuminati, Adam Weishaupt, había sido rechazado por los rosacruces. Desde entonces mostró una profunda animadversión hacia esta sociedad secreta.

Por otra parte, los ideales de illuminati y rosacruces eran antitéticos. Mientras los primeros eran anticlericales, los segundos eran protestantes y proclericales. Este enfrentamiento es la razón por la que los historiadores han dado por hecho que los rosacruces conspiraron para que la Orden de los illuminati fuera prohibida, sus miembros perseguidos y que a la sazón contribuyeron a crear una leyenda negra a su alrededor.

Esta es la versión oficial. Pero hay sutiles matices que algunos analistas destacan como claves para dudar de este relato de los hechos. Para empezar, Knigge abandonó a los illuminati por divergencias con Weishaupt, su fundador. La explicación más repetida es que Knigge pretendía convertir a los illuminati en una logia masónica mientras Weishaupt quería hacerse con el control de la masonería.

Pero aún existen más datos a tener en cuenta que se desprenden del enfrentamiento entre Knigge y Weishaupt. El primero estaba en contra de las ideas más radicalmente antimonárquicas de Weishaupt. En cambio, los rosacruces compartían esta posición política. Asimismo los rosacruces instruían a sus adeptos en disciplinas esotéricas como la alquimia o la cábala, que estaban en los planes que Weishaupt no revelaba a los iniciados ni a sus más estrechos colaboradores.

Así las cosas, es cierto que el anticlericalismo illuminati chocaba con el proclericalismo protestante rosacruz, pero había más puntos de unión que de separación, como el esoterismo y el sentimiento antimonárquico. Por tanto es probable que la marcha de Knigge fuera forzara o al menos posibilitara un acercamiento entre los dos colectivos que establecieron un pacto de colaboración e, incluso, de fusión.

De todos modos, para comprender este pacto se impone repasar la filosofía rosacruz y conocer las principales ramas de esta sociedad secreta.

El origen de los Rosacruz

Son multitud las culturas en las que la rosa se considera la flor más bella y emblemática. Desde la más remota antigüedad figura en escudos, en estandartes, en cuadros, en grabados y en todo tipo de manifestaciones artísticas e iconos del poder político. Por otra parte, pese a que tendemos a asociarla inmediatamente con el cristianismo, la cruz es otro símbolo que aparece por doquier en un amplísimo abanico de culturas. Basta con remitirse al Ankh o a la esvástica hindú. El término Rosacruz integra así dos elementos con connotaciones estéticas, religiosas, mágicas, místicas.

Existe una polémica acerca de si el alemán Christian Rosenkreuz, creador de la Orden Rosacruz e inspirador de otras diversas órdenes que esgrimen con orgullo su nombre, existió realmente. No faltan quienes detrás de las alusiones a Rosacruz no ven más que una coartada tras la que se amparan diversas sociedades secretas,

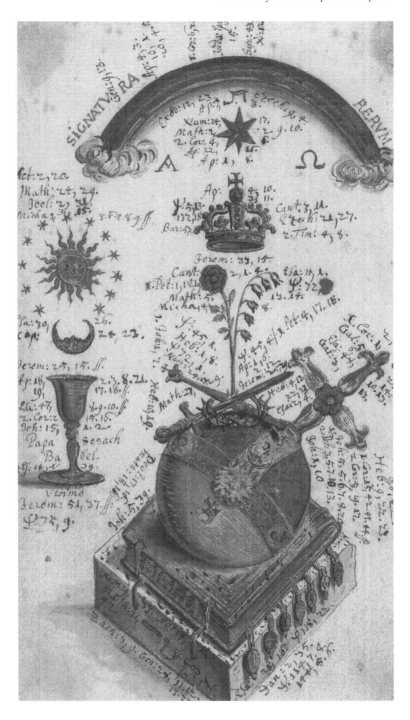

que se valen de este personaje ficticio para imprimir un prestigio y una solera a la imaginería de una elite. Hay, por otra parte, quienes sostienen que Christian definitivamente existió, pero que Rosenkreuz no fue más que un sobrenombre.

En cualquier caso, la Orden Rosacruz fue una sociedad secreta que empezó a difundir sus escritos en el siglo XVII. Más concretamente en 1614, si atendemos a *Fama Fraternitatis*, que aparentemente fue publicada ese mismo año. Su culto giraba en torno a la figura del mencionado Christian Rosenkreuz (1378-1484) que sería el citado en la mencionada publicación.

Un fundador muy longevo

Pero hay datos que resultan difíciles de creer. Las fechas de nacimiento y fallecimiento de Christian Rosenkreuz (información que se ha difundido ampliamente y que, a día de hoy, sigue vigente en medios como Wilkipedia) llaman la atención por su longevidad, insólita para la época. El hecho de que Rosenkreuz viviera más de cien años y las incongruencias entre estas fechas y las de las publicaciones de la Orden parecen reforzar la idea de que se trata de una leyenda.

Un año después, en 1615, aparecería, *Confessio Fraternitatis*, a la que seguiría *Die Hochzeit* en 1616. Todas ellas con referencias a este místico y a su viaje iniciático por países como Palestina, Marruecos y Egipto y otros puntos del globo lejanos y difíciles de visitar en una era en la que las comunicaciones brillaban por su ausencia. Se trata de textos crípticos, opacos, en ocasiones ininteligibles que abren la veda a todo tipo de conjeturas. Y que sin embargo contienen referencias explícitas al modo de organización de las sociedades secretas y alientan una leyenda que daría lugar a diversas órdenes y escisiones.

Una rosa con muchos pétalos

Desde su muerte, Christian Rosenkreuz ha sido objeto de numerosos estudios y se ha erigido como figura emblemática por parte de diversos cultos interesados en el ocultismo y en las conspiraciones. El carácter críptico de los textos que hemos heredado de la Orden que presuntamente fundó permite todo tipo de hipótesis y de interpretaciones simbólicas. En parte porque su filosofía se basa en aceptar la presencia de relaciones numéricas entre los eventos y la realidad, lo cual da lugar a unas explicaciones y una poética a menudo inextricables.

Sea como fuere y aun dando por cierta la existencia de Christian Rosenkreuz, las distintas órdenes que le han rendido culto y que se han creado a partir de su figura, tienen mucho en común con los illuminati: infiltrarse en los distintos estamentos de la sociedad, conspirar en la sombra conquistando esferas de poder; maximizar sus influencias mediante el tráfico de las mismas; en última instancia imponerse, desplegar una elite que guiaría a la sociedad en función de sus objetivos y su filosofía. A este respecto, si bien existen diversos cultos precedentes, analizaremos los más cercanos en el tiempo. A efectos prácticos, nos centraremos en los fundados a partir del siglo XX.

La Fraternidad Rosacruz

En primer lugar, tenemos la así llamada Fraternidad Rosacruz, cuyas primeras referencias datan de 1909. Se trata de una sociedad estadounidense creada y encabezada por Karl Ludwig Von Grasshoff, quien operaría principalmente bajo el pseudónimo de Max Heindel. Los miembros de esta fraternidad detentan una ideología místico-cristiana y su fin último, de acuerdo con sus publicaciones oficiales, es la de establecer un vínculo entre ciencia y religión, en la que la astronomía jugaría un papel determinante. Su máxima "Una mente pura, un corazón noble, un cuerpo sano", parecería apuntar a propósitos altruistas. Y sin embargo, existen numerosos documentos que hacen referencia a conspiraciones.

Actualmente la fraternidad Rosacruz sigue operando a través de su sede en el estado de California. Puesto que, como hemos men-

Max Heindel fue el fundador de la fraternidad Rosacruz, muy vinculada con los illuminati.

cionado repetidamente en capítulos anteriores, todo apunta a que este es el estado de Norteamérica donde la Orden de los illuminati se ha hecho más fuerte y cuenta con mayor número de miembros, no es de extrañar que muchos hayan querido ver vínculos entre las dos organizaciones. Ni que haya incluso quienes defiendan que se trata de una misma entidad que opera bajo distintos nombres.

La Antigua y Mística Orden Rosae Crucis

Otra hermandad secreta de reciente creación a partir de la figura de Christian Rosenkreuz es la Antigua y Mística Orden Rosae Crucis, cuya fundación data de 1915 y cuyo nombre oficial es Orden Rosacruz AMORC.

En esta ocasión, la fundación de la Orden tiene lugar en el estado de Nueva York, y su creador es Harvey Spencer Lewis. Al parecer, este célebre ocultista se interesó por la figura del místico alemán durante una estancia en Toulouse, Francia. Tras crear la sociedad secreta en Nueva York, la Orden se trasladó en 1917 a Tampa, Florida.

Terminó instalándose en San José, California. Nuevamente California, el estado en el que tienen lugar una parte nada desdeñable de las operaciones encubiertas de los illuminati, como las pruebas de implantación de microchips a reclusos. Nuevamente California como vínculo entre organizaciones.

Tras el fallecimiento en 1939 de Harvey Spencer Lewis, su hijo Ralf Maxwell Lewis amplió sustancialmente el radio de acción de la Antigua y Mística Orden Rosae Crucis, y engrosó además su número de miembros, fundando distintas subsedes por diversos países del mundo.

La saga de los Lewis al frente de la Antigua y Mística Orden Rosae Crucis toca a su fin con el fallecimiento de Ralf Maxwell, momento a partir del cual se nombra a Gary L. Stewart como su sucesor. En el momento presente, al frente de la Orden se encuentra el italiano Claudio Mazzucco.

Las cifras de afiliación actuales la de Antigua y Mística Orden Rosae Crucis (o si se quiere, Orden Rosacruz AMORC), hablan por sí solas: más de un cuarto de millón de miembros repartidos por todo el mundo. Presencia en decenas de países. Un vehículo de gran utilidad para los illuminati y sus planes para instaurar el Nuevo Orden Mundial.

NUESTRO PADRE DIVINO Y ALTAMENTE ILUMINADO

La publicación de *Fama Fraternitatis*, aparecida como hemos apuntado en fechas cercanas a la fundación de la Orden de Rosacruz, en torno a 1614, se refiere del siguiente modo a su fundador: "Nuestro Padre Divino y altamente iluminado, nuestro Hermano C.R."

Que las iniciales corresponden a Christian Rosenkreuz queda probado en esta y en posteriores publicaciones de la Orden. Llama sin embargo la atención la referencia explícita "altamente iluminado", que de acuerdo con numerosos estudiosos de las principales sociedades esotéricas, establece un claro vínculo entre estos dos grupos. Algunos analistas creen que los illuminati, que en un principio se llamaron Asociación de los Perfectibilistas, tomaron su nombre de esta referencia y también consideran que en última instancia estaríamos hablando de dos encarnaciones de un único grupo.

322

Thursday Evening, July 28, 1859.

☞   VI   S. B. T.

Cara tamen lacrymis ossa futura nostris.

Prop. I. 19 : 18.

Edw. T. Boltwood S. E. C.

Yale College,
Thursday Evening, July 7.

CAPÍTULO 19

SKULLS & BONES O LA ORDEN 322

Esta orden se remonta a finales del siglo XIX. Más concretamente a 1832, cuando Alphonso Taft y William Huntington Russell, ambos miembros de Phi Beta Kappa, toman la iniciativa. Phi Beta Kappa es una sociedad universitaria fundada en 1776 que se cuenta entre las más antiguas de los Estados Unidos, cuyo objetivo primigenio era introducir a los alumnos más brillantes en las universidades más prestigiosas de este país. Aquí vemos ya una huella illuminati: el interés por crear una elite. Pero no es la única.

Entre sus fundadores, diez miembros pertenecían a la masonería. Y a nadie se le escapa que el empleo de nombres clásicos, basados en el griego o el latín es una costumbre que introdujeron los illuminati. Los Phi Beta Kappa tenían costumbres propias de una logia: juramento de secreto, ritual de iniciación y lenguaje corporal en clave, entre otras.

La influencia de esta fraternidad es incuestionable: cuenta con 17 presidentes de Estados Unidos, 19 jueces del Tribunal Supremo de este país y 130 premios Nobel. Esta sociedad está extendida por muchas universidades del país, pero los investigadores consideran que una facción se separó para constituir una nueva logia mucho más expeditiva: Skulls & Bones.

Muchos nombres, una Orden

Pese a que Skull & Bones es el nombre con la que se la conoce más frecuentemente tanto en los Estados Unidos como a nivel internacional, esta Orden ha operado también con otros nombres. Puesto que los familiares de sus miembros fundadores estaban implicados en el tráfico de drogas, Skull & Bones es también para muchos La Hermandad de los Muertos (The Brotherhood of Dead).

El tráfico de drogas al que nos referimos se centra en las exportaciones de opio desde las colonias a los países colonialistas, en especial desde diversos países de Oriente, que se inició en el siglo XIX. Un negocio íntimamente vinculado con Warren Delano, quien a su vez se convertiría en el abuelo del futuro presidente Franklin Delano Roosevelt. De acuerdo con numerosas fuentes, ambos formaron parte de la Orden.

Diversas teorías han tratado de explicar el origen sus dos otros nombres: Order 322 (La Orden 322) y, sencillamente, The Order (La Orden), sin que ninguna de ellas resulte concluyente. Algunos afirman que entre los acólitos de esta sociedad se tenía en muy alta estima al pensador y político griego Demóstenes. La referencia parece en principio válida, puesto que una de las áreas en las que destacó este pensador fue la oratoria, esencial para los miembros de Skull & Bones en la manipulación y en la difusión de propaganda que favorezca sus objeti-

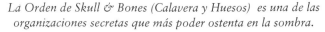

La Orden de Skull & Bones (Calavera y Huesos) es una de las organizaciones secretas que más poder ostenta en la sombra.

vos. Si damos por bueno que los fundadores de Skull & Bones sentían una verdadera devoción por Demóstenes, el número 322 coincide con el año de su fallecimiento, y ese sería el origen del nombre.

Una segunda teoría apuntaría a lo siguiente: puesto que, como veremos en breve, Skull & Bones ha sido señalada como una de las fuentes de financiación de Adolf Hitler y una de las principales manos negras tras su ascenso al poder, ciertos expertos afirman que el número 322 está vinculado a una organización secreta de origen alemán creada en 1832. De acuerdo con esta tesis, la cifra 322 obedecería a lo siguiente: 32 sería el año de la fundación y el segundo número 2 que se añade al final haría referencia al hecho de que se trata de la segunda encarnación de una organización alemana. Si damos por cierta esta teoría, el vínculo con la Orden de los illuminati sería bastante probable.

En busca de la elite

La sociedad Skull & Bones operó en un principio en Estados Unidos, pese a que con la llegada de la globalización (impulsada por la propia orden) sus tentáculos fueron extendiéndose por los más recónditos rincones del globo. Su *modus operandi*, adoptado a los dictados de los miembros fundadores de los illuminati, no sería otro que el de seleccionar a los más destacados miembros de cada generación, a aquellos dotados de un mayor potencial, de más riqueza, de más poder, de una mayor capacidad para cambiar el mundo. Para llevar a cabo dicha selección, la orden Skull & Bones se valdría de una de las universidades más prestigiosas del mundo: la Universidad de Yale.

Entre diez y quince elegidos serían a partir de ahí enfrentados a un dilema en el momento de la graduación. A un dilema, en cualquier caso, de fácil solución para jóvenes ambiciosos y manipulables: se les prometería propulsar sus carreras, encumbrarlos a las más altas esferas de poder político y financiero, triunfar hasta extremos inalcanzables por cualquier otra vía. Como contrapartida a todos los apoyos, quienes aceptaran el trato que haría posible su éxito jurarían para siempre pleitesía total a la orden.

Pese a que ya a partir 1832 la orden Skull & Bones estaba operando, su registro oficial no tiene lugar hasta 1856, momento en el que toman como sede el banco Brown Brothers Harriman de Nueva York. El nombre que figura en los papeles, sin embargo, es el de Asociación Russell.

Saqueo de sepulcros

No hace falta decir que frente a las suculentas promesas de un éxito sin fin, un éxito garantizado al cien por cien, una inmensa mayoría de los graduados de Yale se pliegan al trato. Son reclutados y se los convida a la celebración de una ceremonia que contempla una serie de pasos y rituales. Si bien estos no están lo suficientemente documentados como para merecer que los desglosemos aquí, al parecer la liturgia culmina con la entrega de un hueso con el que se sella el compromiso y que en adelante atestiguará la pertenencia a la Orden. No en vano, el nombre en inglés con el que más comúnmente se conoce a la orden se traduce por "Calavera y Huesos".

El origen de dicho apelativo responde a la profanación de tumbas, que al parecer formaba parte de las liturgias durante los primeros tiempos de funcionamiento de la sociedad. Esta tesis se apoya parcialmente en documentación que apunta a que, en 1918, diversos acólitos de la orden profanaron la tumba de Jerónimo, el celebérrimo jefe de la tribu de los apaches. Entre ellos se encontraba nada más y nada menos que Prescott Bush, cuyo suegro era el abuelo del futuro presidente norteamericano George Bush. Prescott Bush era ya, al igual que otros miembros de su familia, un magnate destacado de la por aquel entonces floreciente banca. Con esta familia nos reencontraremos de nuevo al final de este capítulo.

De acuerdo con esta teoría, que mantiene el libro *Illuminati* de Paul H. Koch, el saqueo de tumbas podría cumplir un fin simbólico, pero también obedecer simplemente a una frívola demostración de poder por parte de jóvenes ricos y sobreprotegidos. Las teorías sostienen además que la orden Skull & Bones se encontraría también detrás de la profanación de los restos del cabecilla revolucionario Pancho Villa en México. O del saqueo del sepulcro del general Ornar Torrijos, oficial del ejército y posterior dictador de Panamá, documentado en la revista estadounidense *NACLA. Report on the Americas*.

El nexo que vincula estas tres profanaciones resulta relativamente sencillo de ver, a poco que reflexionemos: tanto Jerónimo como Pancho Villa como Omar Torrijos fueron figuras que plantaron cara a los planes de dominación norteamericanos; en el primer caso durante la invasión de los colonos y el exterminio de toda forma de oposición que tuvo lugar durante los primeros tiempos de los Estados Unidos. En todos los casos, los cráneos y huesos desenterrados pertenecían a figuras que resultaron problemáticas durante el expansionismo yanqui por otros países de América.

En cualquier caso, la Universidad de Yale ejerce de cantera. En adelante y una vez completada la ceremonia y sellado el pacto, el tráfico de influencias se ocupa del resto: miembros veteranos de Skulls & Bones mueven los pertinentes hilos para que los nuevos acólitos vayan ascendiendo en el escalafón. Una vez estos cuentan con suficiente poder e influencia, harán lo propio con las nuevas generaciones, que a su vez se verán encumbradas a puestos de responsabilidad y repetirán la acción. El esque-

El patriarca de la familia Bush fue uno de los primeros integrantes de Skull & Bones.

ma se perpetúa en una espiral infinita que no solamente mantiene su vigencia, sino que se propaga cada vez más arriba, cada vez con mayor fuerza.

A favor de Hitler

La orden Skull & Bones ha sido acusada de encontrarse detrás de algunos de los eventos y de las conspiraciones más destacados de los últimos tiempos. A este respecto, la orden han sido minuciosamente analizadas en multitud de libros, de entre los cuales destaca el volumen *Fleshing Out Skull and Bones: Investigations into America's Most Powerful Secret Society*, de autoría colectiva.

En él se defiende que Skull & Bones fue la sociedad secreta que se encontraba tras la financiación de las campañas políticas del dictador alemán Adolf Hitler, de su campaña armamentística, de su invasión de los distintos países de Europa. Las diversas conspiraciones bancarias y juegos de poder que han tenido lugar en torno a las finanzas durante los últimos doscientos años estarían también íntimamente vinculadas a la sociedad Skull & Bones.

El nexo lo ejerce aquí la familia Bush: el suegro de Prescott Bush fue un destacado banquero y que una importante rama de dicha familia ha estado desde entonces íntimamente vinculada al mundo de las finanzas. A partir de todos estos hechos estaríamos hablando de como mínimo cinco generaciones implicadas en este tipo de entramados, cinco generaciones de la familia Bush adheridas a la orden. Los atentados del 11 de septiembre de 2001 contra Estados Unidos estarían también vinculados a los ejercicios de poder en la sombra de la sociedad Skull & Bones.

Rostros tras la calavera y los huesos

Puesto que estamos hablando de una sociedad secreta, se ha debatido ampliamente y existen muchas dudas acerca de si los listados de miembros que podemos encontrar documentados en la Universidad de Yale son fiables. Es lógico que para preservar sus secretos intereses, muchos de ellos quedaran fuera de estas listas. Como ya se ha visto, la implicación de la familia Bush parece innegable. Ni los dos presidentes ni los dos gobernadores que pertenecen a la misma se han molestado nunca en negarlo.

Además, algunos de los nombres que acompañan a los Bush pertenecen a diversos embajadores, actores económicos y magnates relacionados muy estrechamente con la banca. Una elite que encaja perfectamente con los intereses illuminati.

Dicho esto, pese a la censura que ejercen Google y el resto de las principales plataformas, en internet resulta relativamente sencillo encontrar diversas versiones de dichos listados que van desde la década del 1830 hasta la de 1980. La hipótesis de que se nos está sustrayendo una información esencial parece verse corroborada por varios motivos, entre ellos el hecho de que a partir de 1982 el listado haya dejado de publicarse por más que no hay ninguna razón para pensar que la orden Skull & Bones ya no permanezca en activo.

LA ORDEN SKULL & BONES CON NOMBRES Y APELLIDOS

Puesto que se trata de figuras estadounidenses vinculadas a la política y a las finanzas, muy probablemente muchos de los nombres que aparecen en los listados desclasificados de miembros de la orden Skull & Bones resulten desconocidos para el lector español. Sin embargo basta con echar un vistazo a los cargos que se esconden tras dichos nombres para que estos cobren un nuevo significado. Entre ellos cabe destacar los siguientes nombres:

-**David Boren** (Gobernador de Oklahoma y Senador)
-**Frederick W. Smith** (fundador de la compañía de transportes FedEx, operativa aún a día de hoy)
-**John Kerry** (Senador en Massachusetts)
-**Don Schollander** (deportista olímpico galardonado con la Medalla de Oro)
-**Victor Ashe** (Gobernador y senador)
-**Robert McCallum** (Embajador en Australia)
-**Roy Leslie Austin** (embajador en Trinidad y Tobago)
-**Earl G. Graves, Jr.** (presidente de Black Enterprise)
-**Edward S. Lampert** (Presidente de Sears Holdings Corporation)
-**Dana Milbank** (reportera de *The Washington Post* en la sección de política)
-**Austan Goolsbee** (Asesor de Barack Obama en el ámbito de la economía)
-**John Wertheim** (célebre abogado y político estadounidense)

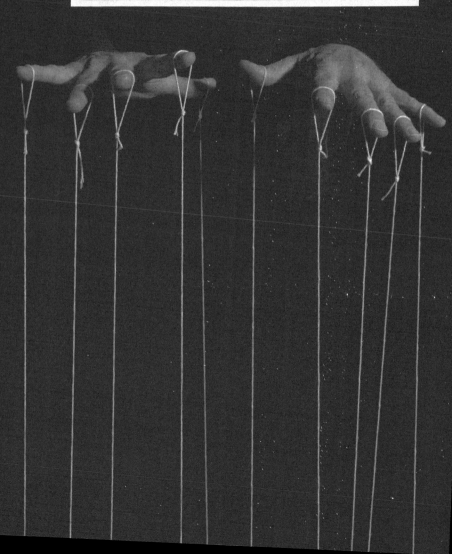

CAPÍTULO 20
EL GRUPO BILDERBERG

"Grupo Bilderberg: ¿Por qué se reúne en secreto la elite global en un lujoso hotel de Suiza?" El titular no está extraído de la *dark web*, ni siquiera de foros de internet dedicados a las conspiraciones, en los que por supuesto opinan ciertas voces a las que cabe prestar atención. El titular está extraído de un artículo publicado en su web por la prestigiosa cadena británica BBC en mayo de 2019.

En él, el periodista y escritor James McConnachie, que coescribió la *Guía aproximada a las teorías de la conspiración (Rough Guide to Conspiracy Theories)* conjuntamente con Robin Tudge, opina que es muy posible que parte de las teorías de la conspiración que circulan por la red de redes sean más bien poco verosímiles. Pero que, por otra parte, descartar todos los datos que apuntan a que los poderosos se organizan en círculos para ejercer la dominación mundial es ingenuo. "De vez en cuando hay que dar crédito a los teóricos de la conspiración que plantean problemas que la prensa tradicional ha ignorado. Sólo desde hace muy poco los medios de comunicación le han prestado cierta atención al Club Bilderberg. ¿Los medios publicarían esta clase de noticias si no existieran estas acusaciones descabelladas?", dice el autor. En definitiva: que sí existe una elite que maneja los entresijos del mundo.

Este hotel en la campiña holandesa dio nombre a uno de los clubs más exclusivos del planeta.

No se esconden

Pese a los, insistimos, mecanismos de censura de Google, Facebook y el resto de las grandes plataformas, cada vez más agresivos y menos enmascarados, es difícil imaginar una Orden, hermandad o grupo sobre el que podamos encontrar tanta documentación y cuya existencia y poder estén tan corroborados como el Club Bilderberg. Tanto es así que poseen su propia entrada en la Wikipedia, su propia cuota de noticias en medios generalistas. Incluso su propia página web oficial en bilderbergmeetings.org.

"Cada año, aproximadamente 130 líderes políticos y expertos en industria, finanzas, el ámbito laboral, el académico y los medios de comunicación son invitados a participar en el encuentro. Aproximadamente dos terceras partes de los participantes provienen de Europa, y el resto de Norteamérica; un tercio, de la política y de los estamentos gubernamentales, y el resto de otros campos. El encuentro constituye un foro para sostener discusiones informales sobre temas de relevancia. Las reuniones se llevan a cabo bajo la Regla de Chatham House, que establece que los participantes son libres de emplear la información que obtienen, pero no pueden revelar ni la identidad ni la afiliación de los oradores ni de ningún otro participante. Gracias al carácter privado del encuentro, los participantes participan de forma individual y no a título oficial, por lo que no están sujetos a las convenciones del estamento del que provienen, ni a la responsabilidad de sus puestos. A partir de aquí, pueden tomarse el tiempo para escuchar, reflexionar y recopilar ideas. No existe una agenda detallada, no se proponen resoluciones, no se realizan votaciones y no se emiten declaraciones políticas". Nuevamente la información aquí citada no proviene de algún oscuro medio. Proviene, ni más ni menos, de la página oficial del Club Bilderberg.

Una auténtica elite

Los nombres, todos esos nombres, uno debajo del otro en la página web oficial. Lo que se pretende un ejercicio de transparencia –obligado ahora que la existencia del Club se ha visto arrastrada desde las sombras hasta la luz gracias a la honestidad de determinados investigadores y periodistas– se convierte en la práctica en un ejercicio de desfachatez. En especial si atendemos al hecho de que la lista de miembros que asisten cada año a la reunión se hace pública. Su sola lectura ofrece amplio espacio para la reflexión. También ofrece amplio espacio para la inquietud. Cabe dar por sentado que a este respecto se nos hurtan también datos, pero entre los asistentes a la reunión de 2019, siempre de acuerdo con la página oficial de la organización, encontramos a individuos tan controvertidos como Satya Nadella (CEO de Microsoft), Willem-Alexander (el Rey de Holanda), Michael O'Leary (CEO de Ryanair), Darren Walker (Presidente de la Ford), Audrey Zoulay (Director General de la UNESCO), Mark J. Carney (CEO del Banco de Inglaterra), Lars Findsen (Director del Servicio de Inteligencia del departamento de Defensa de Dinamarca), Jüri Ratas (Primer Ministro de Estonia) y así sucesivamente hasta sumar más de cien nombres.

Entre ellos es fácil identificar a presidentes, primeros ministros, periodistas, altos cargos relacionados con los ministerios de Defensa, destacados industriales, magnates de las finanzas y de la banca. Sus nacionalidades: Estados Unidos, Italia, Suecia, Reino Unido, Dinamarca, Polonia, Grecia, Irlanda, y así hasta cubrir prácticamente todos los países desarrollados del globo. Un cuadro definitivamente multinacional y extremadamente variopinto que no parece respon der más que a una única razón. El vínculo resulta perfectamente obvio: todos ellos detentan altos cargos en las más elevadas esferas de poder. Todos ellos son personas infinitamente influyentes.

Nuestro país también tiene una presencia en este club tan selecto, aunque ciertamente reducida. Pese a ello, entre los españoles asistentes a la convención de 2019 se cita a Pablo Casado (Presidente del Partido Popular), Ana Botín (al frente de la ejecutiva del Banco de Santander), Javier Monzón (del Grupo Prisa), Inés Arrimadas (Presidenta del partido Ciudadanos). Llama la atención que este sea el primer año sin Juan Luis Cebrián, que tras abandonar la primera fila del poder mediático al parecer ha dejado de ser útil a la plutocracia que nos domina.

La reunión de 2019 tuvo lugar del 30 de mayo al 2 de junio en Montreux, Suiza. La convención de 2020, o al menos eso sostiene la página oficial, fue suspendida debido al coronavirus. De acuerdo con las declaraciones de uno de los miembros del club que publica elconfidencialdigital.com en junio de 2020, la principal razón de que no se celebrara fue el miedo a que, mediante el espionaje cibernético, alguien pudiera hacer emerger lo que se decide en el Club.

"Una reunión telemática de Bilderberg no tiene sentido –concluye el entrevistado–. No es el Eurogrupo, donde también tienen lugar negociaciones soterradas entre países pero que acaban después haciéndose públicas cuando se alcanza un acuerdo. Los temas que se discuten en Bilderberg se quedan en Bilderberg".

Ana Botín, presidenta del Banco Santander, y el exdirector del Grupo Prisa, Juan Luis Cebrián, son algunos de los españoles que habitualmente participan en las reuniones del Grupo Bilderberg.

Un hotel para la conspiración

El Club Bilderberg fue fundado a mediados del siglo XX, más precisamente en 1954, y toma su nombre del hotel en el que se celebró la primera reunión, en los Países Bajos. Desde entonces el grupo, cuyos miembros pueden variar de un año a otro, sigue celebrando reuniones anuales en complejos y hoteles de lujo ubicados en distintos países de Europa, Norteamérica y Asia occidental. Pese a los permanentes cambios en el punto de reunión en los que se imparten conferencias y se celebran mesas redondas pero también se comparten copas y se juega a golf, las oficinas de la organización permanecen en Leiden, en los Países Bajos.

Desde sus mismísimos inicios, el club está integrado, como estamos teniendo ocasión de ver, por las personas más influyentes del mundo, que asisten por invitación. Forman o han formado parte de este exclusivo club asimismo figuras como Hillary Clinton, Henry Kissinger, John Kerry, Bill Gates, George Soros y David Rockefeller, además de miembros de las principales casas reales europeas, entre ellos el rey de Holanda o la reina Sofía de España.

De acuerdo con las informaciones publicadas en elconfidencialdigital.com, quien se encarga de cursar las invitaciones en la actualidad en España es Ana Botín. Desde 2017 ejerce como delegada del Club en nuestro país. Previamente este puesto lo había desempeñado Juan Luis Cebrián a lo largo de cuarenta años. Pese a que, como ya hemos apuntado, Cebrián ni siquiera asiste ya a las reuniones, permanece muy ligado al Club como miembro del Former Steering Committee, una suerte de consejo de antiguos delegados en el que también podemos encontrar a muchos otros políticos, magnates y figuras influyentes de nuestro país. Entre ellos, Jaime Carvajal Urquijo y Matías Rodríguez Inciarte, vicepresidente y consejero ejecutivo del Banco Santander, respectivamente.

"Son unos 120 participantes cada año –señala el escritor y analista Daniel Estulin en un artículo publicado en el diario *La Vanguardia*–. La cifra puede bajar a 115 o subir a 130. La tercera parte es para Estados Unidos. Canadá, Reino Unido, Francia, Alemania, que siempre colocan entre cinco y siete. Después tienes a las grandes organizaciones internacionales, del Fondo Monetario Internacional al Banco Mundial, lo que da unos doce más. España tiene un peso de cuatro. Javier Monzón concurre porque Prisa es el único conglomerado mediático español presente en el Club. Para el Club Bilderberg es irrelevante quién sea el presidente español".

Otras destacadas figuras de los círculos de poder, de la política y de las finanzas españolas que han asistido a reuniones del club son Luis de Guindos (economista y vicepresidente del Banco Central Europeo), Soraya Sáenz de Santamaría (vicepresidenta de España entre 2011 y 2018), Albert Rivera (Presidente del partido Ciudadanos), la reina Sofía, José Manuel Entrecanales (de la empresa de promoción y gestión de infraestructuras y energías renovables Acciona), Juan María Nin (CEO de CaixaBank) y Joaquín Almunia (en su condición de Comisario Europeo).

"El Club Bilderberg es un conjunto de gente muy poderosa que intenta organizar de alguna manera el devenir del mundo o de determinadas zonas del mundo. Es indudable: los poderosos se relacionan entre sí. Todos los grandes poderes se relacionan entre sí. Unos de manera más abierta y otros menos", opina el periodista y escritor Carlos Astiz en una entrevista concedida al periódico digital actuall.com.

"Más allá de las teorías sobre conspiraciones globales y la vinculación del grupo Bilderberg con aquellos illuminati del siglo XVIII que se consideraron la sociedad secreta más poderosa del mundo, destinada a cambiar la historia derrocando a las monarquías, nadie puede obviar que estas reuniones no se hacen por pura recreación o ejercicio intelectual entre homólogos poderosos", opina la periodista Juana Carrasco, Jefa de Redacción Internacional del periódico *Juventud Rebelde*. "Tienen su objetivo y es ultra secreto, por lo que merece la pena desconfiar y permanecer alerta".

Conclusiones nada tranquilizadoras

"Además de Skull & Bones, existen al menos otras dos sociedades secretas que se pueden considerar como tentáculos de los illuminati [escribe Robert Goodman ene *El Libro Negro de Los illuminati*]. Me refiero al Bohemian Club y el Grupo Bilderberg. Al contrario de la opinión de algunos investigadores que piensan que existen diferentes niveles de influencia e importancia en relación con estas órdenes, estoy convencido de que todas son poderosos instrumentos de un supuesto centro neurálgico mundial de los primeros illuminati de hace miles de años".

Fue David Rockefeller, uno de los integrantes más activos del Club y de los illuminati, quien parece confirmar este hecho con un discurso de una claridad escalofriante. Según cita Paul H. Koch en *Illuminati*, este magnate norteamericano anunció en su día que el más íntimo deseo de los miembros del club era "configurar una soberanía supranacional de la elite intelectual y los bancos mundiales, que es seguramente preferible a la autodeterminación nacional practicada en siglos pasados".

Un artículo publicado en okdiario.com razona que "se puede decir que no se trata propiamente de una sociedad secreta, ya que sus reuniones son conocidas, pero guardan con excesiva opacidad los proyectos y temas que tratan cada año. Sus reuniones, siempre envueltas en un oscurantismo, han dado pie a diferentes teorías en las que se cree que los miembros del Club Bilderberg son los responsables de lo bueno y lo malo que pasa en el mundo".

Es a priori una síntesis que bien podríamos dar por válida. Y sin embargo, si nos detenemos a examinar lo que pasa en el mundo y centramos nuestra atención en la relación entre las estructuras de poder y las personas de a pie del mundo, en la relación entre los gobiernos y las multinacionales y los ciudadanos comunes del mundo, en el mundo no pasa nada bueno.

BOHEMIAN GROVE, OTRO TENTÁCULO ILLUMINATI

El Bohemian Club se fundó en 1972 en San Francisco como un club de caballeros dedicados a las finanzas. Una de sus actividades era organizar un campamento de dos semanas durante el mes de julio en un bosque de 1.000 hectáreas de su propiedad situado en Monte Rio, en California. De nuevo California se convierte en el epicentro de actividades relacionadas con los illuminati. De ahí que esta sociedad tomara el nombre de Bohemian Grove (*grove* en inglés es "campamento").

No se permite la entrada a periodistas y sus miembros son siempre políticos, financieros o artistas. Se sabe que organizan algún tipo de rituales. Según aparece en Wikipe-

dia, hacen una ceremonia de cremación en la que queman sus problemas. Pero también hay espectáculos de pirotécnica en el que visten ropas brillantes.

Y todo eso lo hacen a la orilla de un lago en el que se encuentra una estatua de un búho de doce metros. Recordemos que el búho es el símbolo de los illuminati desde su fundación, por lo que la relación entre ambas organizaciones parece clara.

Pero no solo son hombres de negocios que quieran desestresarse en un entorno natural. Hay más. En un artículo publicado por BBC News en julio de 2013, se recogen las teorías que vinculan a los Bohiam Grove con decisiones política de gran importancia: El Proyecto Manhattan, que condujo a la creación de la bomba atómica, tomó forma en el Bohemian Grove durante una reunión celebrada en 1942 y que en 1967 Richard Nixon dio allí el discurso que le abrió la puerta a la presidencia de EE.UU.

CENTRAL INTELLIGENCE AGENCY

WASHINGTON 25, D. C.

OFFICE OF THE DIRECTOR

APR 13 195

MEMORANDUM FOR: DEPUTY DIRECTOR (ADMINISTRATION)

SUBJECT : Project MKULTRA - Extremely Sensitive
Research and Development Program

1. On 6 June 1952, the Project Review Committee appro
the DD/P/TSS Research Program and allotted ███████ to the
Program for Fiscal Year 1953. This sum provided ███████
research and ███████ for operating costs.

2. The PRC approval authorized the Director of Resear
at his discretion and with the approval of the Research Chairma
obligate the research funds and apportion them among individual
jects, such projects to be subject to the usual Agency procedure
administrative controls.

3. A small part of the Research Program contemplated
and discussed with me consists of ultra-sensitive work. The na
the research and the security considerations involved preclude h
the projects by means of the usual contractual agreements.

4. I have, therefore, approved the obligation and expen
TSS of $300,000 of the total of ███████ already approved by t
for research for FY '53 without the signing of the usual contrac
other written agreements.

5. This sum of ███████ will be handled as Project MK
Would you please make the necessary arrangements so that invo
forwarded by TSS applying to MKULTRA will be paid, provided

    a) in the aggregate, they do not exceed ███████ for F
        without further authorization from me;

    b) each invoice is to bear a certification by the Chief,

CAPÍTULO 21

DOBLEGAR LAS MENTES PARA DOMINAR EL MUNDO

¿Qué es lo que provoca que una persona quiera formar parte de los illuminati? Sin duda, muchos buscan los beneficios económicos que pueden obtener perteneciendo a una elite endogámica que ayuda a sus miembros a prosperar y acumular riquezas. Pero la ambición es solo un rasgo del carácter de sus posibles miembros. Estos, después de ser iniciados, pueden descubrir que los objetivos para dominar el mundo o que las prácticas satánicas van en contra de sus principios. Y tras negarse a llevar a cabo los designios de la Orden, ¿cómo actúa esta en un caso así?

Planteemos otro escenario. Muchas veces la sociedad secreta necesita acceder a personas que no se han acercado a ellos y que no militan en sus filas. Deben entrar en un ámbito de poder concreto en el que no han infiltrado a ningún miembro. Tienen que conseguir que una persona concreta tome una decisión que les favorece. ¿Qué estrategia adoptan para llevar a cabo sus objetivos?

Tanto en el primer caso como en el segundo cuentan con una técnica ampliamente documentada: el control mental. Los lavados de cerebro y las técnicas para doblegar la voluntad son una realidad y, como se verá a lo largo de este capítulo, existen muchas pruebas de que se han llevado a cabo durante mucho tiempo y al amparo de ciertos gobiernos.

Técnicas ancestrales y modernas

¿Qué es el control mental? La premisa es bien sencilla: cada persona posee sus propios valores, su propio ideario, sus propios intereses. Tras aplicársele el tratamiento adecuado, su ideología y su lealtad flaquean y paulatinamente puede abrazar otros. El individuo deja de pertenecerse a sí mismo, pierde la potestad de sus pensamientos y de sus actos para convertirse en un extraño para los que le conocían anteriormente: una marioneta a merced de aquellos que manejan los cables.

Las historias y leyendas sobre mecanismos de control mental orientados a anular la personalidad de hombres y mujeres y transformarlos en títeres sin voluntad que trabajan en favor de los intereses ajenos han gozado de una larga tradición en un sinfín de culturas a lo largo y a lo ancho de los tiempos. Muy a menudo, las narraciones se apoyan en el uso de venenos y drogas. El vudú, la brujería, etcétera, constituyen otras tácticas ampliamente documentadas. A las pócimas y sortilegios como mecanismos de control se han añadido a lo largo de las últimas décadas métodos más sibilinos, que vampirizan todo lo que hemos ido aprendiendo de la naturaleza humana: gracias a los conocimientos que nos han aportado disciplinas como la psicología y la neurociencia, entendemos mejor que nunca cuáles son los resortes que mueven la conducta de los hombres. A partir de ahí, modelarla a voluntad es solo cuestión de rodearse de científicos expertos, de contar con suficiente dinero y recursos para quebrantar su ética y ponerlos al servicio del mejor postor.

Si nos centramos en los tiempos recientes, una de las primeras piezas de ficción contemporánea de gran popularidad que se ocupó de denunciar las amenazas que comporta el lavado de cerebro y las técnicas de control fue *El mensajero del miedo* (*The Manchurian Candidate*). La película, dirigida en 1962 por John Frankenheimer y protagonizada por Frank Sinatra, Janet Leigh y Laurence Harvey, narra el escalofriante periplo de un oficial conservador del ejército de los Estados Unidos. Tras regresar de la Guerra de Corea, empieza a actuar de manera extraña. A medida que la cinta avanza, va poniéndose de relieve la oscura verdad: tras ser sometido a un lavado de cerebro, el oficial se ha convertido en juguete sin alma, en una herramienta en manos de los intereses de los comunistas, que en adelante contarán con un agente infiltrado para perpetrar intrigas políticas vinculadas con el mismísimo presidente de Estados Unidos.

Siguiendo esta misma narrativa, frecuentemente se ha vinculado a los illuminati y a muchas otras órdenes secretas con experimentos de lavado de cerebro y con drogas orientadas a ejercer y mantener el control sobre individuos, con proyectos gubernamentales encauzados a este fin. Qué hay de cierto en todo ello es lo que nos proponemos dilucidar a continuación.

En este clásico de John Frankenheimer, se habla de control mental en un miembro clave de una facción para desestabilizar la contraria.

Más allá de la ficción

Pese a que la mayor parte de lo que se narra en *The Manchurian Candidate* pueda sonar a ficción descabellada, a día de hoy está ampliamente documentado que el gobierno de los Estados Unidos y, con toda probabilidad también otros, ha financiado y ocultado en más de una ocasión experimentos orientados a doblegar la personalidad de las personas, a modificar sus comportamientos, a controlarlas hasta el punto de convertirlas en meras herramientas. Menos de dos décadas después de que John Frankenheimer realizara su film, llegaba a las librerías el ensayo *The Search for the Manchurian Candidate: The CIA and Mind Control*.

El libro, escrito por John D. Marks y publicado en 1979, se apartaba del ámbito especulativo y aportaba pruebas que demostraban que el gobierno de los Estados Unidos había experimentado con civiles técnicas de control mental. Marks, un antiguo oficial del Departamento de Estado norteamericano, desglosaba además en el volumen detallados estudios científicos acerca de los entresijos del comportamiento humano y reproducía entrevistas con miembros del ejército que habían participado en los experimentos y que habían sido víctimas de los mismos.

Las revelaciones de Marks fueron negadas y él fue puesto en tela de juicio. Pero con el tiempo, la verdad cayó por su propio peso. Hoy ya nadie duda de la existencia de proyectos de control mental como el que destapó Marks. En especial debido a que parte de ellos han sido desclasificados.

Experimentos para controlar la mente

El gobierno estadounidense, por tanto, llevó a cabo experimentos mentales. Tal y como reseña *La Vanguardia* en un artículo publicado en 2 de febrero de 2020: "En ese contexto, en los años cincuenta y sesenta, la CIA y el departamento de Defensa de Estados Unidos exploraron la posibilidad de controlar la mente humana. De forma disparatada o no, el espionaje estadounidense pensaba que la URSS estaba desarrollando esas técnicas y, para no perder el tren, impulsó el programa secreto MK-Ultra en los cincuenta".

El gobierno estadounidense se ha visto obligado a reconocer, al menos en parte, la existencia del proyecto MKUltra. Llevado a cabo por la CIA, su objetivo era "Identificar y desarrollar drogas y procedimientos para ser usados en interrogatorios con el fin de debilitar al individuo y forzar confesiones a través del control mental".

Este experimento sigue siendo objeto de investigación por parte de periodistas como Stephen Kinzer, que publicó *Poisoner in chief* (*Envenenador en jefe*), en el que revela unas declaraciones del responsable del proyecto MKUltra, el químico y alto mando de la CIA Sidney Gottlieb: "Primero tienes que hacer desaparecer la mente existente; en segundo lugar tienes que encontrar la manera de llenar con una nueva mente el vacío. No llegamos muy lejos en lo segundo, pero avanzamos mucho en la primera fase".

Esta lóbrega iniciativa se basó en el empleo de LSD y en la experimentación de técnicas telepáticas. Estuvo activo durante veinte años: se puso en marcha en 1953 y no se canceló oficialmente hasta 1973, y aunque prácticamente todo cuanto sucedió en el intervalo rozó los márgenes de la legalidad o fue abiertamente ilegal, eso no detuvo al aparato gubernamental a la hora de inyectar en él grandes sumas de dinero, recursos y personal. El resultado: un sinfín de víctimas a lo largo de dos décadas.

La investigación continúa

La serie documental de Netflix, Wormwood, *investiga los experimentos de la CIA con la droga LSD.*

Lo que en *The Manchurian Candidate* no era más que ficción especulativa y en el libro *The Search for the Manchurian Candidate: The CIA and Mind Control* se revelaba como una terrible realidad de la que se enteraron bien pocos, hoy en día llega a las masas en forma de artículos, ensayos y audiovisuales de amplísima difusión.

Recientemente se ha desvelado uno de esos experimentos. Y se ha hecho a través de una plataforma tan *mainstream* como Netflix, que en 2017 estrenó *Wormwood*, una miniserie documental dirigida por el prestigioso director Errol Morris basada en hechos que se ocultaron a la opinión pública. En ella se narra la historia de un científico norteamericano, Frank Olson, que murió en extrañas circunstancias en 1953. Por aquel entonces Olson se encontraba trabajando en un programa ultrasecreto del gobierno norteamericano orientado a la guerra biológica. La muerte de Olson se achacó oficialmente a un trágico accidente. Posteriormente se afirmó que se había tratado de un suicidio. Episodio a episodio, Morris y su equipo van desvelando que, suicida o no, lo que terminó con la vida de Olson no fue otra cosa que un colapso mental provocado tras recibir altas dosis de LSD sin su conocimiento.

La implicación illuminati

Teniendo en cuenta que los illuminati y otras órdenes secretas como Skull & Bones o las actuales encarnaciones de Rosacruz ostentan puestos de poder en el gobierno de los Estados Unidos, no se duda de su participación. De hecho, casi todas las logias de carácter esotérico, como los illuminati, contaban ya con técnicas ancestrales. Su implicación en estos experimentos les permitió "actualizarlas", empleando nuevas drogas que no estuvieron al alcance de sus ancestros. Y pudiendo analizar su efecto con experimentos humanos.

Varias investigaciones prueban la implicación de los illuminati en el proyecto MKUltra y en otros similares, como el que le costó la vida a Olson. Y esta ha sido reflejada en libros como *The Illuminati Formula Used to Create an Undetectable Total Mind Controlled Slave*, de Cisco Wheeler y Fritz Springmeier; *El libro negro de los Illuminati*, de Robert Goodman; *The Illuminati Facts and Fiction*, de Mark Dice, y así hasta sumar más de una decena de volúmenes. Pero las víctimas mortales y los muñecos rotos que dejaron en el camino estos experimentos no son los únicos sacrificios que ha llevado a cabo la Orden.

El siguiente paso: sacrificios humanos

Incluso el gobierno de los Estados Unidos se ha visto obligado a reconocer, al menos hasta cierto punto, la existencia del largo historial de víctimas que organismos como la CIA han ido provocando con experimentos que se perpetraron en secreto. No obstante, el vínculo entre drogas, control mental y organizaciones secretas, como decíamos, viene de muy lejos. Multitud de sociedades han sido acusadas de emplear técnicas relacionadas para sus propios fines, y la Orden de los illuminati no constituye una excepción.

En este sentido, además del control mental, también se les ha acusado de cometer asesinatos rituales. Parecían dos hechos separados, pero algunos datos extraídos del Proyecto MKUltra, sugieren una correlación. La periodista Sharon Weinberger en el libro *The Imagineers of War* (*Los imaginadores de la guerra*) dice que Estados Unidos estudió fórmulas para responder a un ataque ruso. La más rápida era lanzar misiles nucleares desde sus submarinos, que cubrían un territorio muy amplio. Como no podían recibir la señal de su ob-

LAS VÍCTIMAS DEL PROYECTO MKULTRA

Según revela el periodista Fèlix Badia en un artículo publicado en *La Vanguardia* en febrero de 2020, este proyecto de la CIA distribuyó en hospitales y centros psiquiátricos LSD para ensayos terapéuticos. Pero la finalidad era otra muy diferente.

"Un interno contó que durante un año había recibido una inyección diaria de esta droga, antes de percatarse de que el experimento para el que se había ofrecido voluntario, una supuesta cura de la esquizofrenia, era en realidad algo bien distinto".

A la experimentación con enfermos mentales se le sumó otra, la de los reclusos en diferentes cárceles, que no pudieron nunca demostrar lo ocurrido.

Otro grupo del que se sabe muy poco porque se han borrado los archivos son los detenidos que fueron trasladados a centros clandestinos en todo el mundo y sometidos a experimentos sin ningún control. En los equipos de investigación se encontraban médicos nazis que aplicaban técnicas que utilizaron en los campos de concentración.

El proyecto acabó en los años sesenta, pero no fue denunciado hasta una década después. Para entonces, tal y como remarca Badia: "Cientos de personas habían sido sometidas a los experimentos sin haber dado su consentimiento y posiblemente algunas fallecieron".

jetivo ni salir a flote para no ser atacados, el Proyecto MKUltra quiso emplear la telepatía. Se descubrió que la señal mental era más fuerte cuando había implicación emocional entre el emisor y el receptor.

Se barajó una terrible posibilidad que expuso sin ambages el director del proyecto, Sidney Gottlieb: "Por ejemplo, una madre entrenada para ello podría recibir desde el fondo del mar la señal en caso de un trauma suficientemente fuerte, como la muerte de su hijo".

El gobierno estadounidense asegura se sustituyó a las personas por animales, pero también negó la existencia durante décadas del Proyecto MKUltra. Todo ello nos lleva a analizar con otra mirada las acusaciones sobre los asesinatos rituales que penden sobre la Orden. Y en especial a repasar un escalofriante suceso del que se tiene constancia bajo el prisma de la cruel experimentación que cuenta con una larga tradición.

Asesinato ritual en El Vaticano

En 2006, el periodista, locutor de radio y especialista en los illuminati Greg Szymanski realizó una entrevista a una miembro de la Orden que prefirió mantener su anonimato y adoptar el pseudónimo de Svali. Svali se presenta como la hija de un matrimonio de multimillonarios pertenecientes a la sociedad secreta que fue sometida a diferentes técnicas de control mental por la Orden.

En su programa de radio, que en su momento transmitieron canales estadounidenses como RBN y GCN, Greg Szymanski le pide a Svali que describa la ceremonia de iniciación. Esta afirma que tuvo lugar en el Vaticano, durante un viaje a Roma cuando ella contaba con solo doce años. Svali se refiere al uso de drogas y de mecanismos de control mental en una estancia presidida por una gran mesa negra. Greg Szymanski trascribe sus respuestas en su página web. Las teorías de la conspiración alrededor de lo que se describe en la mencionada entrevista se refuerzan a partir de la súbita desaparición de Szymanski de los medios en 2013, justo cuando se encontraba a punto de regresar a las ondas con un nuevo programa radiofónico tras un retiro cuyos motivos nunca estuvieron tampoco demasiado claros. La transcripción de Szymanski detalla la presencia en la ceremonia de un hombre envuelto en una túnica. También de un infante de unos cuatro años. Svali asiste drogada a la liturgia, es tomada de la mano y conducida a una sala. El niño es asimismo drogado. A continuación se le tiende en la mesa negra. Posteriormente, con un largo cuchillo de filo dorado, el hombre envuelto en la túnica atraviesa el corazón del niño.

En el rito de iniciación están presentes además otros dos niños, que pertenecen también a familias acaudaladas y poderosas. Svali también dice recordar a algunos hombres. Al acabar la ceremonia, todos besan el anillo del hombre de vestimenta sacerdotal que ha oficiado el sacrificio.

Según esta testigo, aquel suceso solo fue una parte más de un prolongado lavado de cerebro al que fue sometida desde muy niña. Tal vez por ello, antes de que abandonaran la sala, el "sacerdote" se encorva para hablar con los pequeños. Haciendo hincapié en cada palabra, les susurra algo que jamás olvidarán, algo que condicionará su comportamiento futuro para siempre. Algo que fijará indefectiblemente sus lealtades a la familia, a sus creencias, a la Orden a la que ya pertenecen de facto: "Que te ocurra lo mismo o algo peor si es que alguna vez rompes tu juramento".

El poder de matar

En *El libro negro de los Illuminati*, Robert Goodman, uno de los muchos estudiosos del tema que cita el caso, se refiere a "la importancia de las ceremonias de sangre para los illuminati". De acuerdo con este teórico y estudioso de la sociedad secreta que nos ocupa, rituales como el que acabamos de describir no constituirían casos aislados, sino una práctica común en el seno del grupo. A la pervivencia en la Orden de antiguas liturgias sangrientas, a la que sus miembros asisten con temor reverencial, cabría añadir el factor personal: las inclinaciones sádicas y psicopáticas de determinados miembros.

El analista Marc Dice, en su libro *The Illuminati Facts and Fiction*, lo expone del siguiente modo: "Cuando uno comprende que un determinado segmento de los integrantes de los illuminati disfruta de la pedofilia y del sadomasoquismo como una forma de ejercer el poder supremo sobre otro ser humano, las respuestas comienzan a emerger. Hombres poderosos, niños como esclavos sexuales, satanismo y control mental se entrelazan en el núcleo oscuro de los illuminati".

No debemos olvidar que nos referimos aquí a una estirpe habituada a desplegar campañas políticas, militares y económicas globales con pleno conocimiento de que provocarán miles si no millones de víctimas a lo largo y a lo ancho del planeta. Ahora bien: ¿cabe sumar a las víctimas sacrificadas en experimentos como el MKUltra un número de víctimas equivalente sacrificadas en altares? ¿Y murieron por el sadismo de sus asesinos o porque también fueron utilizadas como cobayas de experimentos humanos? ¿Hasta qué punto podemos dar plena veracidad a testimonios como el de Svali? En el próximo capítulo ahondaremos en la última cuestión.

CAPÍTULO 22

UNA CORTINA DE HUMO REPTILIANA

Se entiende por conspiranoia cualquier teoría que cuestione la verdad oficial. Y en ese saco se agrupan desde investigaciones documentadas sobre hechos concretos hasta relatos sobre fenómenos sobrenaturales. Todo es negado y denostado sin más argumento que el desprestigio de quienes mantienen estos argumentos.

En el segundo grupo de relatos considerados conspiranoicos, encontramos uno que se repite a lo largo de la historia: la hipótesis de que existen reptilianos entre nosotros lleva años propagándose a lo largo y a lo ancho de la red. La presencia de reptilianos se ha vinculado a toda Orden secreta existente, entre ellas la de los Illuminati.

Remontémonos al capítulo anterior, al caso de Svali, la supuesta exilluminati que de pequeña fue testigo de un asesinato ritual. Greg Szymanski transcribe en su página web las respuestas de Svali a las preguntas que le formuló en su programa de radio. El experto en la Orden de los illuminati Robert Goodman pone bajo el bisturí la escena: una Svali de tan solo doce años es testigo inocente del macabro sacrificio en el altar. Una escena con la que tendrá que vivir y que una y otra vez se proyectará en su cabeza para siempre. Analicemos con mayor detenimiento las implicaciones de los hechos.

Testigo de la liturgia

Goodman entiende la ceremonia como una parábola del poder que documenta su origen atávico y busca sus raíces en tiempos remotos en los que no existía nada parecido a una industria global, nada similar a la alta tecnología. Tiempos en los que el poder y la posición social no se medían en función de las cuentas bancarias. Tiempos en los que solo había una forma efectiva de demostrar el poder: ejerciendo la violencia, mediante el derramamiento de sangre. Cuanto más institucionalizada y ritual, mejor. El testimonio de Svali parece no dejar lugar a dudas acerca de que la Orden celebra rituales sangrientos con regularidad.

Tras su iniciación, Svali entra en la Orden y se convierte en un títere de los illuminati. El control mental que ha adquirido sus miembros sobre la entonces niña es enorme y tiran de los hilos a su antojo. No obstante, finalmente Svali logrará sobreponerse a él, liberarse. El coste personal es enorme: los illuminati mueven influencias, consiguen que le retiren la custodia de sus hijos y la aíslan socialmente. De desenvolverse en un ámbito de lujo, relacionándose con las capas más privilegiados de la sociedad, Svali pasa a vivir en la pobreza. Desarrolla comportamientos paranoides, expuesta al terror de ser asesinada en cualquier momento. Pese a ello, participa en el programa de radio de Greg Szymanski, describe su paso por los illuminati en un libro: *Breaking the Chain*, sobre el que volveremos más adelante.

Centrémonos ahora en la ceremonia en sí, en el sacrificio del infante, en el cuchillo que se hunde en su corazón. Ahondando en estos lodos, Goodman tiene una intuición y cree entrever algo más: "Al parecer, en el mismo instante del asesinato de un niño [prosigue], los entes reptilianos de dimensión subastral cruzan el portal entre dimensiones para poseer el cuerpo del iniciado/iniciada".

¿Reptiles entre nosotros?

Tras describir este suceso en *El libro negro de los Illuminati*, Robert Goodman continúa del siguiente modo: "Desde 1954, año de la primera reunión del grupo Bilderberg, el poder de las sociedades secretas en la sombra ha aumentado y las más importantes ejercen de tentáculos de los illuminati. La posible presencia de alienígenas reptilianos en la Tierra hace que el control de los políticos illuminati sea más fácil y refuerza su influencia".

No es el único que sostiene esta teoría. Tampoco el único en establecer un marcado vínculo entre los reptilianos y la Orden de los illuminati. Hay quien sostiene que colaboran estrechamente. Hay quien opina que son una misma cosa. A pesar de los mecanismos censores de internet en general y de Google en particular, rastrear el término en español en el celebérrimo motor de búsqueda arroja cerca de un millón de resultados. Si desplegamos un rastreo en inglés, comprobaremos que los millones son muchos más.

No es de extrañar, si nos paramos a pensar que quien mayor difusión ha dado a esta teoría es un ciudadano británico, David Icke, conferenciante y antiguo jugador de fútbol profesional, que afirma que "muchos de los líderes mundiales pertenecen a la raza reptiliana o bien están poseídos por reptilianos".

Mucho ha llovido desde que Icke empezara a difundir sus tesis. Todo comenzó en 1999 con la publicación de *The Biggest Secret* (*El mayor secreto*). Allí fue donde se leyeron por primera vez referencias a los reptilianos. Allí fue donde nos familiarizamos por primera vez con Alpha Draconis. Desde entonces se ha debatido ampliamente sobre el fenómeno. Tomémonos un instante para recapitular.

La teoría reptiliana

En esencia, los que suscriben esta teoría consideran que los reptilianos son extraterrestres de una raza reptil con la capacidad de adoptar forma humana hasta el punto de resultar indistinguibles de nosotros. Provienen de un sistema solar muy lejano: Alpha Draconis. Han aterrizado en nuestro planeta con unos objetivos muy concretos. La mayor parte de ellos viven bajo tierra, habitan en grandes áreas subterráneas excavadas en el subsuelo, bases enlazadas por túneles en los que ningún ser humano ha estado jamás.

Estas teorías consideran que los reptilianos conspiran a nuestras espaldas, bajo nuestros pies. Se organizan y hacen crecer su imperio. Algunos emergen a la superficie. Su plan: mezclarse con los seres humanos, camuflarse entre ellos gracias a sus habilidades para mutar de forma.

El esquema operativo, a partir de aquí, es idéntico al de tantísimas sociedades secretas: exhibir una sonrisa tan cínica como humana y ascender en la escala social. Enriquecerse más allá del límite de lo obsceno, conquistar las más altas esferas de poder. Poco a poco, ir desplegando todos los mecanismos a su alcance hasta dominar a la humanidad por completo, hasta someterla definitivamente. Doblegarla con tanta fuerza que no sea ya posible ninguna oposición. Hasta que vivamos en la tan frecuentemente aludida granja humana en la que no somos más que ganado y el pastor no está dispuesto a contentarse con la lana. Por el contrario, tiene una agenda oculta y esconde un cuchillo bajo la americana.

Los infiltrados con cola

Y a partir de ahí empieza la enumeración. Donald Trump es un reptiliano. Barack Obama es un reptiliano. Justin Bieber es un reptiliano. El Papa Francisco es un reptiliano. Las acusaciones se suceden. Los vídeos se reproducen a cámara lenta y quienes apoyan esta suposición permanecen atentos a todo fotograma sospechoso. Audiovisuales en las principales plataformas de Internet exhiben el metraje. Más y más testigos de los hechos se suman a los seguidores de David Icke y suscriben sus teorías. Exponen a través de sus propios canales la terrible verdad. Los vídeos compartidos son una y otra vez, sus contadores de visitas se disparan. Hasta que la tijera del censor ataja el conteo y los elimina con una advertencia y una amenaza muy real de cancelación permanente de la cuenta, momento en el que son resubidos a otro canal por otro internauta. Los contadores de visitas se disparan, el ciclo recomienza.

La literatura ensayística al respecto comienza a poblar las estanterías de las principales librerías del mundo, se hace un hueco en los círculos del pensamiento crítico. En *La historia secreta de los reptilianos*, de Scott Alan Roberts, sin ir más lejos, se reflexiona acerca de esta teoría de la conspiración en los siguientes términos: "La posibilidad de que inteligencias no humanas hayan visitado nuestro planeta, e incluso hayan copulado con los seres humanos primitivos, se encuentra en muchos de los antiguos registros culturales y religiosos de nuestra civilización. Existen registros históricos que revelan, además, que esas inteligencias eran reptiles en su naturaleza o, al menos, han sido representados a lo largo de la historia humana con forma reptiliana. Desde la Serpiente Nahash, en el Jardín del Edén, a Atum, el hombre-serpiente egipcio, o Quetzalcotl, el dios serpiente de los mayas, hasta la serpiente de doble hélice de Enki/Ea en la antigua literatura sumeria, la serpiente ha sido el enlace omnipresente entre los humanos y los dioses de todas las culturas".

El dios serpiente de la civilización Maya, Quetzacoatl, antecesor según algunos de los reptilianos que hoy vivien entre nosotros.

Humanos, demasiado humanos

Muchos otros autores a nivel internacional ponen a los reptilianos bajo la lupa, y el fenómeno también tiene sus estudiosos en nuestro país. En *La conspiración reptiliana y otras verdades que ignoras*, sin ir más lejos, José Luis Camacho centra su ensayo en "una casta de seres poderosos que están por encima de nosotros en la escala evolutiva". De acuerdo con Camacho, esta raza "ha dominado al ser humano desde el principio de los tiempos, enfrentándolo a sus semejantes para su propio beneficio. En la Antigüedad recibían la denominación de 'dioses reptiles' y de ellos han hablado los libros sagrados de todas las religiones. Hoy sabemos que existe una hermandad con vínculos de sangre que controla el poder financiero, político, mediático y militar, y que manipula y dirige nuestro espíritu y nuestras creencias, determinando nuestro comportamiento. Pero ¿quiénes son estos seres que nos gobiernan y nos controlan, que nos imponen códigos de conducta perversos y que han desencadenado guerras y dictaduras atroces?"

En ocasiones cuesta pensar que un grupo de seres sin escrúpulos a los que no les importa que millones de personas mueran en una guerra que les enriquecerá sean humanas.

LA DOCTORA PREFERIDA DE TRUMP
DEFIENDE A LOS REPTILIANOS

Cuando Donald Trump era presidente defendió el uso de la hidroxicloroquina para combatir la Covid-19, sin tener en cuenta que la Agencia Federal de Medicamentos del país que gobernaba no le había dado el visto bueno. Argumentó que esa era la opinión de una doctora "espectacular e impresionante". Hablaba de Stella Immanuel, una pediatra camerunesa afincada en Estados Unidos que defiende la existencia de los reptilianos. En redes sociales, afirma que se han infiltrado en el gobierno estadounidense y que su plan es destruir la humanidad fomentando el aborto y el matrimonio homosexual.

Immmanuel se declara profundamente religiosa y se considera a sí misma "Ministra de Liberación y el hacha de batalla de Dios y su arma de guerra". Por ello, advierte de que los reptilianos están preparando una vacuna para que los humanos abandonen la religión. También está convencida de que el ADN extraterrestre se utiliza en experimentos científicos.

Otras de sus opiniones en redes más criticadas tratan de que los problemas ginecológicos, como quistes o endometriosis, son culpa del "esperma de demonio", ya que las mujeres que lo padecen han mantenido relaciones mientras dormían con diablos y brujas.

Stella Immanuel cree en los reptilianos y asesoró a Donald Trump durante la pandemia mundial por la Covid-19.

Es innegable la existencia de un poder financiero, político, mediático y militar que manipula y modela, pero las evidencias de la existencia de los reptilianos que defiende Icke son, por lo menos a día de hoy, circunstanciales, poco documentadas y muy endebles.

Las pruebas se apoyan en fotogramas muy específicos de vídeos muy específicos, y en las aberraciones de imagen que tiende a generar el botón de pausa en todo audiovisual comprimido. Un *clic* de ratón y un rostro se tiñe de verde. La narrativa se encarga del resto. Ni siquiera Goodman, que tan riguroso se muestra en otros capítulos de su obra, aporta documentación concluyente que certifique el vínculo entre los illuminati y la presunta raza reptil descrita por Icke.

Lo cierto es que tenemos razones más que fundadas para sospechar que quienes nos dominan son humanos, demasiado humanos.

Conspiración tapa conspiración

Entre los propios estudiosos de las conspiraciones se alzan voces que se apresuran a desmentir los rumores de su existencia, y ven en ellos una conspiración para deslegitimar a quienes sospechan de otras conspiraciones. En la práctica, el panorama que se dibuja resulta de lo más enrevesado, además de desalentador: conspiraciones que señalan a teóricos de la conspiración como conspiradores, que a su vez señalan como lacayos del sistema a estudiosos que presuntamente tratan de destapar las maquinaciones de las elites. La pescadilla se muerde la cola.

Tras analizar volúmenes sobre reptilianos, no hay razones de peso que den verdadera constancia de su existencia. Órdenes como los Rosacruz, los Illuminati o Skull & Bones, por más que se trate de órdenes secretas, están sobradamente documentadas y las dinámicas de la historia demuestran que sus planes se están cumpliendo. No ocurre así con los presuntos seres verdes a los que Icke ha dado una fama casi universal.

David Icke.

CAPÍTULO 23

NEGOCIOS OPACOS, PLACERES OSCUROS

¿Cómo viven los illuminati? Son ricos y pertenecen a una elite, pero por otra parte también parece que practican sangrientos rituales y que están sometidos a prácticas de control mental. Eso dibuja dos cuadros en la imaginería colectiva.

En uno de ellos se adivinan oscuras catacumbas ocultas en enclaves que solo unos pocos conocen, sacerdotes enfundados en largas túnicas carmesíes, liturgias ancestrales celebradas a la luz de las velas que gotean lentamente en la penumbra. Afiladas hojas con esmeraldas y rubíes engastados en las empuñaduras, cuchillos que han pasado de mano en mano a lo largo de incontables generaciones. Polvorientos altares de mármol regados con sangre humana, víctimas drogadas con las miradas ausentes, esposadas de pies y manos. Filos atravesando los corazones. Pócimas elaboradas a partir de antiquísimas recetas vinculadas con la alquimia… Todo muy lóbrego.

El segundo cuadro es un canto a la *dolce vita*. Se visualizan costosísimos trajes de Armani, corbatas de seda italiana cosidas a mano, portátiles Apple Macintosh conectados a internet vía satélite, maletines de Prada confeccionados en piel. Jets privados que sobrevuelan el globo indiferentes a las distancias entre continentes, reuniones secretas en ostentosos hoteles de cinco estrellas y en complejos del más elevado lujo. Mansiones con vistas paradisíacas, sillones forrados en piel, mesas de maderas nobles, campos de golf, enormes piscinas de aguas cristalinas, whisky escocés y coñac añejo y otros espirituosos de más de diez años de antigüedad, estimulantes de farmacia de última generación, acaso bandejas repletas de droga.

¿Cuál de estas dos imaginerías relacionadas con los illuminati se acerca más a la realidad? En el presente capítulo ahondaremos el *modus vivendi* de los miembros de la Orden. Se anticipa un *spoiler*: nada es como se imagina.

Cómo se financian los illuminati

"Dinero llama a dinero" es un refrán que podría haber escrito un illuminati. Lo mismo podría decirse de otros bienes más intangibles pero igualmente esenciales para ascender en la escala social o conservar una posición allá en lo alto. A mayor nivel social y prestigio, más difícil resulta perderlo. A más influencias y contactos, mayores las posibilidades de que surjan otras influencias y contactos que abran nuevas vías de negocio y refuercen los poderes instituidos.

A lo largo de las últimas décadas, las familias illuminati que, generación a generación, han ido amasando una fortuna, han visto cómo esta crecía hasta límites asombrosos. Las razones de que este patrimonio no solamente no haya menguado sino que además no haya dejado de crecer, hay que buscarlas en las legislaciones, en la operativa de los mercados, en sistemas fiscales que premian a los más influyentes y sabotean a quienes no se someten a sus designios.

Los illuminati poseen los motores de la economía. No obstante, sus fuentes de ingresos "oficiales" son a menudo la punta del iceberg de fortunas muchísimo más cuantiosas todavía. Escándalos vinculados con la prevaricación a gran escala, cuentas secretas en bancos suizos, sociedades ficticias, empresas fantasma con sedes en paraísos fiscales. El elenco de artimañas de las élites es infinito. La ingeniería contable acaba encontrando coladeros para aumentar sus fortunas. Allí donde esté el dinero, allí se queda. Allí donde se queda, se genera más dinero.

En su libro *Breaking the chain*, Svalli explica con todo lujo de detalles cómo se estructuran las actividades que la organización desempeña en los márgenes de la ley. La lista es larga e ilegal: recaudación y blanqueo de dinero; tráfico de drogas; tráfico de armas; tráfico de información privilegiada; operaciones estrechamente vinculadas con el aparato militar; guerras orquestadas en favor de las multinacionales; formación y alquiler de mercenarios; tráfico de influencias y presencia apabullante en la maquinaria ejecutiva, en el poder judicial, en los grandes grupos mediáticos y en los organismos de propaganda; enriquecimiento gracias a leyes expresamente que favorecen los sistemas bursátiles... La lista prosigue.

Todo ello es posible gracias a los entramados entre los illuminati, los Skull & Bones y el Club Bilderberg con el poder.

El ocio de las elites

¿Hasta qué punto siguen celebrando los illuminati las antiguas liturgias de la Orden? ¿Cómo son sus reuniones más allá de lo estrictamente logístico? La documentación a este respecto no abunda, pero existen algunos indicios. Tomemos como ejemplo el artículo *Entre ricos y poderosos*, publicado en 2016 en el periódico *El Confidencial*. "Qué ocurre en las reuniones illuminati –reza el subtítulo–: sus secretos, desvelados". El texto describe la experiencia de Sarah Jacobs, reportera de *Business Insider*, que tuvo la oportunidad de asistir a una fiesta inspirada en la organización secreta. "Extravagantes, lujosas y perturbadoras: así son las fiestas illuminati", reza un titular de la revista digital *Cultura Colectiva*. "Mucho se ha hablado sobre estas reuniones o rituales –aclara el primer párrafo–, aunque en realidad, debido al hermetismo de estas sociedades, poco se sabe con exactitud. Actualmente, la teoría illuminati, es la reina de las teorías de la conspiración, sin embargo, muchas de estas suposiciones tienen fundamentos documentados, como el libro *Ritual America*, escrito por Adam Parfrey, fundador y propietario de la editorial Feral House. Este libro también está basado en *The Cyclopaedia of Fraternities*, escrito en 1899 por Albert C. Stevens, una compilación de los resultados de la investigación en cuanto a los orígenes, derivación, fundadores, desarrollo, objetivos, emblemas, carácter y personal de más de seiscientas sociedades secretas en los Estados Unidos, complementado con árboles genealógicos de grupos y sociedades, nombres de muchos miembros representativos."

Los reyes porcinos

Distintos medios pasan revista a The Illuminati Ball, una fiesta celebrada en una lujosísima finca en los bosques de Connecticut, Estados Unidos. Nada demasiado escandaloso más allá del lujo ostentoso: desplazamientos en limusina, enormes jardines con piscina, exuberantes banquetes, baños de leche, piscinas, además de "otras experiencias secretas". Durante la fiesta, los invitados deben identificarse con una de las siguientes especies en función de su personalidad: pollo, cerdo, mono, ratón o vaca. A los invitados se les confiscan provisionalmente los teléfonos móviles y se les vendan los ojos. Presiden la festividad el Rey Cerdo y su cónyuge. La decoración se compone en buena medida de animales disecados en excéntricas posturas. Los invitados son compelidos a efectuar juramentos, a participar en liturgias, a bañarse en leche. Pese al testimonio de Sarah Jacobs, buena parte de los que sucede durante la celebración sigue siendo una incógnita.

La inspiración para esta fiesta surge de las que en su momento celebró, durante los años setenta, Marie-Hélène de Rothschild, de la poderosísima familia Rothschild, vinculada con los illuminati. A dicha fiesta asistieron personajes como Salvador Dalí y Audrey Hepburn. Marie-Hélène de Rothschild les daría la bienvenida envuelta en un vestido blanco, con una cabeza de ciervo engalanada con diamantes. Las mesas estaban repletas de muñecas desmembradas, que simbolizarían el sacrificio humano. Para iluminar los espacios se empleó una potente luz roja en alusión a los rituales satánicos.

De todas formas, es arriesgado afirmar que estas fiestas resulten plenamente representativas en tanto que no fueron, en rigor, secretas. Los 450 dólares que costaba asistir a The Illuminati Ball, bien podrían ejercer de filtro para garantizar un público selecto y abrir brevemente la sociedad para que sus miembros pudieran establecer nuevos contactos o reclutar nuevos adeptos.

Lujo, símbolos y orgías

Nada de todo lo anteriormente expuesto parece corroborar las declaraciones de Svail y las de otros antiguos miembros de la Orden, cuyos testimonios se citan en diversos libros sobre los illuminati y en medios alternativos: liturgias atávicas, sacrificios humanos... ¿qué hay de verdad en todo ello?

Todo grupo que se pretenda distinto del resto posee símbolos propios que lo diferencian. Hemos apuntado ya que no es en absoluto infrecuente ver simbología illuminati en las altas esferas de poder, incluso destacadas figuras del pop gustan de lucirla y hacer gala de su filiación. Pero más allá de ello, ¿siguen practicando el oscurantismo de décadas pasadas? Si así lo hacen, el secreto es absoluto. No se puede descartar que se hayan celebrado puntualmente ceremonias y rituales similares a los que describe Svali, pero la mayor parte de la documentación indica que son más de fiestas lujosas que de cavernas tenebrosas.

La realidad de los illumiinati se ubicaría, así pues, mucho más cerca de fiestas y orgías como las que se documentan el caso del multimillonario Jeffrey Epstein, que celebraba eventos para políticos, empresarios y otras celebridades en sus complejos de lujo en Manhattan, Nuevo México, Palm Beach y su isla privada en el Caribe. A ellas asistían figuras de la talla de Donald Trump, Bill Clinton o Naomi Campbell. Y también jóvenes que el millonario reclutaba para la prostitución. En esta misma línea, Emily Chang, escritora y periodista de Bloomberg TV, revela en su libro *Brotopia* las orgías que se celebran en Silicon Valley, la capital mundial de las nuevas tecnologías. Los invitados a estos eventos: inversores del más alto nivel, emprendedores multimillonarios, ejecutivos de alto *standing*.

De todas formas, esas fiestas no son un fin en sí, son un vehículo para relacionarse con los círculos de poder que harán posible su objetivo real: imponer un gobierno que no les obligue a cumplir ninguna otra ley que la suya.

EL MERCHANDISING
ILLUMINATI

La fascinación que despierta esta sociedad secreta la ha convertido en un producto de *merchandising*. Todo ello complica el análisis del tipo de vida que llevan sus miembros: ya no se sabe si lo son o son imitadores. Y esta confusión no deja de favorecerlos y permitirles mantener su anonimato. Estos son los principales productos que se comercializan:

-Moda illuminati. Se trata de prendas, principalmente camisetas, sudaderas y gorras con símbolos illuminati. El Ojo que Todo lo Ve dentro de una pirámide suele ser el icono estrella. También se pueden comprar estos símbolos como parches para customizar la ropa. En Amazon se encuentran hasta 62 páginas que responden a "ropa illuminati".

-Juego de cartas. También se comercializa bajo el nombre *Illuminati* un juego de 110 cartas que se juega con dos dados de seis. Los jugadores se convierten en miembros de la sociedad secreta que no cuentan con armas, pero que se pueden valer de cualquier artimaña para mover los hilos de las principales estructuras de poder.

-Bisutería. Los colgantes con el

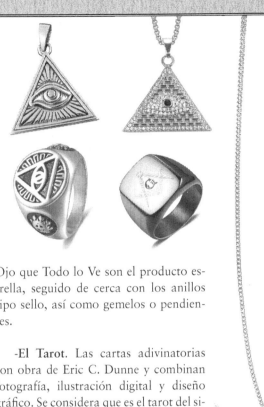

Ojo que Todo lo Ve son el producto estrella, seguido de cerca con los anillos tipo sello, así como gemelos o pendientes.

-**El Tarot**. Las cartas adivinatorias son obra de Eric C. Dunne y combinan fotografía, ilustración digital y diseño gráfico. Se considera que es el tarot del siglo XXI. Estéticamente es impresionante y su intención es acercar al consultante a la luz. De todas formas, algunos videntes remarcan en foros de internet que tiene un carácter oscuro y misterioso.

CAPÍTULO 24
LA CONSPIRACIÓN EN LAS REDES

Tecleamos términos relacionados con nuestros intereses y al instante la pantalla muestra un listado de resultados. Pulsamos sobre ellos, leemos las noticias, visualizamos los vídeos, escribimos *mails*, hablamos ante altavoces con micrófonos. Vamos revelando nuestros anhelos, perfilando nuestros intereses, posicionándonos ideológicamente. Lo que somos y lo que deseamos ha dejado de ser información privada por obra y gracias de la tecnología.

La prehistoria: internet antes de Google

En el principio fueron Altavista, Yahoo!, Lycos, WebCrawler, Excite, Terra... Estos nombres, únicamente familiares para el lector veterano, eran sitios web que resonaban a mediados de los años noventa. Diversos portales de internet presididos por un motor de búsqueda competían por su porción de pastel en primera –y hasta la fecha, única– gran guerra de motores de búsqueda. Muchos de ellos se lanzaron, de hecho, el mismo año en que la red eclosionó: 1995.

La red constituye, entonces y ahora, una jungla caótica, imposiblemente extensa en la que se hace necesario poner orden. Los propios administradores de páginas web ayudaron etiquetando debidamente sus páginas. Delegar en los webmasters esta tarea demostró ser un desastre. Las trampas para capturar al incauto se pusieron de relieve desde el principio. Mediante etiquetas fraudulentas, administradores sin escrúpulos embaucan a los internautas. Quienes buscan información sobre videojuegos aterrizan en páginas de piratería, quienes buscan información sobre política aterrizan en páginas pornográficas.

En aquella época, los buscadores ofrecieron a los webmasters la posibilidad de escalar posiciones en los resultados de la búsqueda a cambio de desembolsar dinero. Si a ello le sumamos las limitaciones tecnológicas de una internet bien distinta a la de hoy, los resultados son desastrosos: listados de vínculos engañosos por los que se percibía dinero. La falta de ética de los administradores y la falta de pericia técnica era común a la mayoría y dejaba un trono vacío para quien hiciera las cosas aunque solo fuera un poco mejor.

Se precisa una voz imparcial, un juez ecuánime. Creado por los ingenieros Larry Page y Sergey Brin, Google no llega hasta 1998, pero pronto empieza a destacar sobre los demás. Se va corriendo la voz y poco a poco se impone. Se ha hablado largo y tendido de su interfaz limpia y sin publicidad, de su algoritmo, que por aquel entonces se apoyaba en Pagerank, que en su momento resultó revolucionario. De las otras muchas y diversas características que puedan haberle hecho triunfar sobre el resto. Lo cierto es que por encima de todas ellas, y tal vez como suma de las mismas, la explicación es una y única: Google era fiable.

El rey de las redes

Hoy Altavista, Excite y Terra no existen. Ninguno de los demás motores de búsqueda sobrevivió al reinado de Google. En el mejor de los casos han quedado arrinconados en el confín más oscuro de la red, condenados a una presencia testimonial para nostálgicos. Yahoo! comenzó a utilizar Google como motor de búsquedas hace más de veinte años. Solo Bing de Microsoft aguanta el tipo tratando de aparentar cierta firmeza, pero toda resistencia es inútil: el presente y el futuro, hasta donde sabemos, pertenecen a Google. Desde su trono, ha presenciado la muerte de la competencia y no hay razones para creer que tenga intención de ceder el cetro. Quien fuera elegido como juez imparcial, es ahora uno y único. Y sin oposición, tampoco hay control.

Hoy en día la mayoría de usuarios novatos saben la importancia del SEO, que sirve para posicionar un contenido en motores de búsqueda. Son criterios que si se cumplen (de escritura, de diseño, de imagen y de estructura) marcan la diferencia entre que un blog o la web de una empresa aparezca en la primera página de la búsqueda o en la 18, a la que nadie va a llegar.

Los caprichos del SEO

Lo que solo saben los entendidos es que Google modifica el núcleo de su algoritmo regularmente, en ocasiones varias veces al año. En otras palabras: una búsqueda de los mismos términos arrojará resultados distintos dependiendo del momento en el que la efectuemos, del algoritmo vigente y del momento social o político que se esté viviendo.

¿A qué obedecen estos cambios y cómo afectan a las búsquedas? De acuerdo con la propia empresa, el algoritmo sopesa en cada página unos doscientos factores. Cómo influye cada factor a la hora ordenar los resultados es información clasificada. Google defiende esta opacidad apoyándose en los fraudes que se produjeron en los 90, cuando los administradores de los sitios web utilizaban esta información para "engañar" a los motores de búsqueda y posicionar más ventajosamente sus páginas. En la práctica, el resultado es el mismo: cada vez que efectuamos una búsqueda, vemos el mundo tal y como nos lo muestra Google, y Google no tiene competencia.

No es el único signo del monopolio de contenidos que ejerce el buscador. La súbita desaparición de opciones de búsqueda en los foros, definitivamente muy útil para tomarle el pulso a la sociedad, constituyó otro duro revés a la libertad de expresión. Hoy, si queremos que los términos que tecleamos se incluyan sin excepción en la búsqueda, nos vemos obligados a activar la opción Verbatim, algo que no muchos saben y que Google nunca se molestó en explicar. De hecho, al teclear el término salen en primer lugar todo tipo de páginas que no tienen nada que ver con la opción que Google prefiere ocultar. Sea como fuere, da igual cuantas opciones activemos o desactivemos. Google manda, Google dibuja la realidad.

La conjura de las plataformas contra la conspiración

La directiva de Google ha manifestado ya abiertamente en más de una ocasión su firme intención de combatir las teorías conspirativas, y lo mismo puede decirse del resto de plataformas que dominan la Red de redes. "YouTube elimina el canal de David Icke por defender que el coronavirus es una conspiración", reza un titular del periódico *20 Minutos* de mayo de 2020. "Youtube se une a Facebook y Twitter y prohíbe las teorías conspirativas", advierte en octubre la Agencia EFE. "Twitter elimina 70.000 cuentas difusoras de la teoría de la conspiración", explica el diario *Marca* en enero de 2021.

El fenómeno no es nuevo. Internet se nos presentó como un espacio neutral y libre, y llegó como una utopía para el libre intercambio de información entre ciudadanos. Sin embargo, la censura sistemática en las redes a manos de una misma empresa lleva muchísimos años en marcha y viene de muy lejos. "Google ha eliminado ocho millones de vídeos de YouTube en un trimestre", detalla un artículo publicado en la revista de tecnología *Xataka* en 2018.

Los illuminati que operan en todos los sectores de poder han asentado sus tentáculos en Silicon Valley, la meca de la tecnología. Allí es donde prácticamente todas las corporaciones que manejan los hilos de nuestras vidas (como Google, Facebook, Microsoft, Apple y Twitter) tienen su sede. "YouTube anunció hace menos de dos meses que cambiará sus algoritmos para que dejen de recomendar tantos vídeos de teorías conspirativas" advertía un artículo aparecido en el diario *El País* en marzo de 2019. "Facebook acaba de anunciar el fichaje de Newtraly y Maldita.es para combatir las noticias falsas en su plataforma. La agencia France Press también extenderá a España su acuerdo de verificación con Facebook, que ya tiene en otros 15 países".

El lado oscuro de Silicon Valley

Sillicon Valley es la corte de la nueva elite y por tanto un caldo de cultivo para los illuminati. "El lado oscuro de Silicon Valley" reza el titular de un artículo de *La Vanguardia* publicado en 2017. "En ninguna parte es más evidente que en Silicon Valley, donde los altos salarios y un mercado de la vivienda ajustado han disparado el precio de los pisos fuera del alcance de miles de personas". Una vez más, las elites se blindan protegiéndose en guetos de lujo a los que no pueden acceder el resto de la población. En ocasiones se ha comparado a las grandes corporaciones de Silicon Valley con la Orden de los illuminati. Y sin embargo, cuando se busca la cita exacta, los resultados son arbitrarios o alejados del propósito. Inútiles.

Y sin embargo, tentadores. Lo suficiente para que el usuario pierda toda la tarde, una semana entera, una vida. Lo suficiente para desviar la atención en una dirección insospechada, haciendo olvidar el propósito inicial. Nuestros cerebros son sistemáticamente bombardeados con una determinada visión de la realidad, y no solo eso: las mentes más brillantes de nuestra generación, reclutadas a golpe de talonario por los illuminati, saben perfectamente que la mejor manera de mantenernos desinformados es tenernos entretenidos.

DISTINTOS GRUPOS, LA MISMA CONSPIRACIÓN

Pese a que en el presente volumen hemos querido centrarnos en aquellas sociedades secretas o grupos que con mayor asiduidad y con mayor cantidad de referencias se han vinculado a la Orden de los Illuminati (Skull & Bones, la Orden de Rosacruz y El grupo Bilderberg) no son las únicas. Sin constituir verdaderamente una orden, el vínculo con Silicon Valley ha sido trazado en más de una ocasión. Entre las demás órdenes que tal vez pudieran ser encarnaciones, escisiones o, si se quiere, franquicias de la Orden, cabe destacar la masonería, tanto en su acepción tradicional como moderna. Se rumorea también que gran parte de las órdenes secretas que se crearon a partir de la construcción de Chartres en Francia, una de las más famosas del mundo, estuvieron en algún momento ligadas a los illuminati o fueron en realidad illuminati operando bajo distinto nombre. Entre ellas cabe destacar la Compagnonnage (es decir, la Camaradería).

CAPÍTULO 25

POP, DROGAS & ILLUMINATI

Las órdenes secretas, las sectas, los cultos han sido frecuentemente vinculados con distintas substancias psicoactivas, a menudo con fines rituales. En el caso de los illuminati, está sobradamente documentada una estrecha relación con las drogas que abarca diversos ámbitos: desde la experimentación con seres humanos llevada a cabo a través de servicios de inteligencia y organismos de carácter militar –recordemos el proyecto MKUltra–, al tráfico de estupefacientes con fines recaudatorios. Esta última faceta abarcaría distintos períodos de la historia de la Orden, y empezaría con el opio en la época colonial, para terminar en el tráfico de cocaína y heroína en tiempos recientes, con la implicación de la DEA o la CIA.

No obstante, si tenemos que hablar de una droga asociada a los illuminati esta es sin duda el adrenocromo. En el presente capítulo profundizaremos en esta sustancia y en otros estupefacientes asociados a la Orden, así como en sus vínculos con los mecanismos de control mental. Por otra parte, la asociación de drogas y música de baile es automática, de modo que a continuación analizaremos el posible nexo entre las estrellas del pop internacional y la Orden.

Pese a que a día de hoy pocas personas del planeta pueden rivalizar en popularidad con figuras de la talla de Kayne West o Beyoncé, la música no es ni mucho menos la única manifestación artística en la que los illuminati han cobrado relevancia y han despertado el interés de las masas. La literatura de entretenimiento ha encontrado en la Orden una imponente fuente de inspiración que ha dado lugar a muy diversas ficciones con desiguales resultados. De todo ello nos ocuparemos aquí.

Adrenocromo, la droga de los illuminati

Desde el paleolítico, los sacrificios rituales tienen una fuerte raigambre en muy diversas culturas y sus vestigios han llegado hasta nuestros días. Su objeto: complacer a los dioses para obtener sus favores o bien para prevenir sus castigos. En las liturgias más extremas, la sangre y órganos como el corazón desempeñan un papel muy relevante, en tanto que ejercen de puente entre la realidad que se percibe a través de los sentidos y las esferas inaccesibles en las que se sitúan las divinidades.

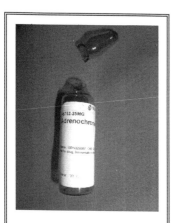

El adrenocromo es la llamada "droga de los illuminati", que en principio se extraía de gente a la que la Orden torturaba, pero que se puede sintetizar.

Con frecuencia, en los rituales, quienes ofician la ceremonia beben la sangre de la víctima, que debe cumplir una serie de requisitos a nivel de edad, pureza, virginidad, género, etcétera. Asimismo, debe preparársela física y mentalmente para maximizar el efecto de la ceremonia. Los pormenores varían sustancialmente en función del culto. En ocasiones, a la víctima se le suministran drogas para aplacar su miedo y su resistencia y dulcificar así su tránsito al otro mundo. En otras, se somete a la víctima a todo tipo de torturas físicas y psicológicas. En este segundo caso, la meta no es otra que la de infligirle tanto dolor y miedo como sea posible y es un acto de sadismo. Tiene que ver con la química, pues llevando a la víctima al umbral máximo del padecimiento, aumenta su presión sanguínea, se dilatan sus pupilas, sus sentidos se ponen a flor de piel. La escena complace así más a las divinidades, que en adelante se mostrarán más benévolas y la ceremonia resulta más óptima en su ejecución. Pero lo más importante es lo siguiente: el tormento ritual provoca que el flujo de adrenalina en la sangre de la víctima se dispare. Dicha sangre se transforma, a través del proceso, en una bebida estupefaciente muy poderosa.

Eso es precisamente el adrenocromo: sangre rica en adrenalina, obtenida justo en el instante en el que la víctima se encuentra sobrepasada por el terror y el padecimiento. En el organismo de la misma pueden generarse, durante el tormento, hasta diez centímetros cúbicos de la sustancia en cuestión. Presuntamente, ingerir su sangre, proporcionaría al consumidor unos efectos estupefacientes sin igual en el ámbito farmacológico: excitación, euforia, alucinaciones, visiones de carácter místico. Un estado mental tan abrumador que parecería acercar al sujeto a la divinidad.

Para maximizar la cantidad de adrenalina en la sangre, esta debe extraerse de puntos específicos del cuerpo, como las arterias principales, la médula o las glándulas suprarrenales. El adrenocromo está tan vinculado a la Orden que también se lo conoce como "la droga de los illuminati".

Sin rituales y con más drogas

En el siglo XXI en el que todo se puede replicar, también es posible conseguir adrenocromo sin mancharse las manos de sangre y despertar sospechas. La ciencia ha logrado aislar y sintetizar en laboratorio la molécula que desencadena los efectos estupefacientes. Esta ha resultado ser muy similar a la psilocibina, el principio activo comúnmente asociado a los hongos alucinógenos. De hecho, hoy la encarnación sintética de la droga de los illuminati puede adquirirse de manera clandestina en las profundidades de la *dark web*.

Pese a que la documentación que manejamos apunta a una modernización de la Orden más volcada en detentar el control total en tecnología, economía y por supuesto en política, los viejos hábitos no se extinguen con facilidad. La iconografía y las liturgias resultan fundamentales a la hora de brindar a cualquier grupo organizado unos referentes, una identidad, una cohesión. Así, la relativa facilidad con la que se puede obtener adrenocromo sintético parecería secundar la tesis de que probablemente sigue siendo consumida en las fiestas de la Orden, pero únicamente a modo de divertimento y para seguir rindiendo tributo a la tradición.

De acuerdo con otras fuentes, la Orden, no obstante, emplearía además paralelamente muchos otros estupefacientes que podemos encontrar recopilados en libros como *The Illuminati Formula Used to Create an Undetectable Total Mind Controlled Slave*, de Cisco Wheeler y Fritz Springmeier. En él se citan la cocaína, el hachís, el crack, la marihuana, el LSD y muchas otras drogas. También un amplio elenco de plantas y hierbas que poseen efectos farmacológicos capaces de alterar significativamente el funcionamiento mental o las constantes vitales, como la ayahuasca, el caladium seguinum, el aceite de clavo, la cicuta, el muérdago, el opio o la salvia.

Todas estas sustancias serían empleadas tanto con fines mágicos como para ejercer un control mental. Recordemos que en capítulos anteriores, cuando se abordaron los experimentos sobre control mental, se trató de los que se llevaron a cabo con el LSD.

El arsenal de drogas illuminati sirve tanto para inducir al estupor como para generar euforia. Entre los múltiples objetivos con los que se suministrarían a los individuos, estarían el de ponerlos en trance, producirles experiencias extracorporales, generar dolor, ayudar a crear ilusiones, regular su fisiología y su desempeño sexual, mejorar o empeorar la memoria o intensificar un trauma.

Sustancias para atormentar y obedecer

A este último respecto, el de intensificar un trauma, Cisco Wheeler y Fritz Springmeier se refieren en sus escritos a lo que ellos denominan "métodos de programación". Dicha programación se aplicaría, principalmente a niños o a jóvenes, aunque también tendrían cabida adultos cuya conducta fuera preciso modificar.

"Se utilizarán drogas para establecer trampas dentro de la mente del esclavo [explica el libro]. Una determinada droga puede multiplicar un trauma por cien. Esto puede resultar muy útil, por ejemplo, para incrementar el terror de un niño tras encerrarlo en una pequeña caja en posición fetal durante veinticuatro horas. La droga ayuda a acortar el proceso de programación. La química corporal de cada individuo es diferente. En consecuencia, los illuminati inicialmente le suministrarán al niño una dosis moderada de la droga. Registrarán su efecto, le harán un análisis de orina para ver cuánto tiempo permanece en el cuerpo, etcétera. Esto tiene lugar durante la etapa de experimentación, no forma parte de la programación propiamente dicha. Suelen realizarse pruebas con diversas drogas, pero de una en una: los illuminati se aseguran de dejar que el cuerpo del niño elimine completamente la droga antes de suministrarle otra. No se mezclan sustancias y se procede con cautela para asegurar que no se produce una sobredosis. Posteriormente, aumentarán progresivamente la dosis hasta que noten que el patrón de comportamiento del niño es el correcto. Este será trazado con detalle en el mapa del esclavo". El control mental sobre el individuo puede reforzarse, por supuesto, proporcionándole alivio en los momentos precisos: "Los programadores saben qué otras drogas suministrar para sacar al niño de su estado y que obtenga una mejoría".

Al igual que en otros casos, la documentación que respalda los experimentos con niños ejercidos directamente por los illuminati no es rigurosa. Se ha de tener en cuenta, pero no hay pruebas fehacientes que la respalden. De lo que no hay duda es que para controlar a las masas emplean los medios de comunicación y propaganda, mediante un control cada vez más férreo de Internet, desde Silicon Valley.

De acuerdo con el plan maestro, si triunfan las tecnologías de implantación de microchips, el sometimiento será irreversible. No obstante, puesto que las conexiones entre los illuminati y programas de gobierno como el MKUltra sí parecen definitivamente confirmadas, cabe no cerrar las puertas a ninguna posibilidad.

La fama cuesta

La sociedad secreta de los illuminati no solamente está infiltrada en los más destacados círculos de poder de la política y la economía, sino también en la que probablemente representa la manifestación artística con mayor calado y difusión en todas las clases sociales: la música pop.

De acuerdo con determinados estudiosos del fenómeno, figuras como Britney Spears, Katy Perry o Lady Gaga habrían sido creadas por los illuminati prácticamente desde cero sirviéndose de personas que no hubieran alcanzado el estrellato si no hubieran sido preparadas y aupadas a él. Algunas hipótesis apuntan que tras someterlas a experimentos con drogas y procesos de control metal como los

Se sospecha que a la superestrella Marilyn Monroe la manipularon los illuminati y acabaron por asesinarla.

descritos en nuestro apartado anterior, habrían emergido los iconos del género y *sex symbols* mundialmente famosos que son hoy: títeres programables y programados como buque insignia de los illuminati, como vehículo de propaganda de la Orden.

En este sentido, apunta la documentación que sostiene esta tesis, uno de los primeros sujetos con los que se ensayarían los experimentos sería Marilyn Monroe. Convertida en una esclava, sometida mentalmente, tras quebrarse como un muñeco a causa de la programación, finalmente se suicidaría para escapar a la Orden o sería secretamente ajusticiada.

Sea como fuere, uno de los elementos clave que permiten identificar a los illuminati en la música pop es, por supuesto, el Ojo que Todo lo Ve, símbolo máximo de Nuevo Orden Mundial y de la permanente vigilancia que se ejerce sobre los individuos. Así, si nos detenemos a examinar los materiales, nos percataremos del marcado hincapié que se hace del ojo en fotografías, vídeos y artículos promocionales de determinados artistas.

Están en la lista

Son muchas las superestrellas del pop o del cine que frecuentemente se citan en los medios alternativos como vinculadas a la Orden de los illuminati. Entre ellas se contarían Kanye West, Angelina Jolie, Paris Hilton, Kim Kardashian, Rihanna, Halle Berry, Beyoncé Knowles, Miley Cyrus, Justin Bieber, Michael Jackson, Jay Z, Alicia Keys, Eminem, Lil Wayne, Nicki Minaj, Bono, David Bowie, Tupac Shakur, Whitney Houston, Kris Kristofferson, Quincy Jones y un largo etcétera. Las acusaciones se apoyan en la iconografía illuminati presente en sus trabajos (como en el caso del *What Now* de Rihanna o el *Work B*tch* y el *I Wanna Go* de Britney Spears), en sus vidas privadas (las felicitaciones de navidad que envió Kim Kardashian en 2013 estaban repletas de ella), en su *merchandising*, etcétera. Por su parte, artistas fallecidos o asesinados –como Tupac– habrían sido víctima de la misma espiral de esclavismo destructivo que terminó con la vida de Marilyn Monroe.

Es bastante arriesgado creer a pies juntillas que todos estos artistas pertenecen a la Orden y que esta los convirtió en esclavos a cambio del éxito. No hay evidencias concluyentes. No obstante, como se ha apuntado, para toda Orden secreta la iconografía es mucho más importante aún de lo que imaginamos, lo mismo que las facetas lúdicas del culto. Parece lógico dar por sentado, así pues, que los illuminati cuentan con simpatizantes y miembros entre las más destacadas celebridades, y que los utilizan para su provecho.

Dado que se trata de personas extremadamente ricas e influyentes –recordemos que Kayne West llegó a presentarse como candidato en las elecciones generales estadounidenses– cabe no dudar de que los illuminati están interesados en ellos y que, en una industria donde la influencia es esencial, el interés es mutuo. No obstante, resulta difícil de creer que su ingreso en la Orden haya incluido torturas o métodos de programación como los descritos. Por el contrario, habría seguido cauces idénticos a los del resto de la membresía: contactos, influencias, promesas. Sumisión al plan maestro a cambio de gigantescas sumas de dinero, de grandes cantidades de poder y, en su caso, de fama internacional.

Ángeles y demonios: los illuminati en la literatura

Tanto la propia historia de los illuminati como las teorías a las que ha dado lugar resultan apasionantes. No es extraño pues que hayan llevado a un sinfín de autores a explorar los hechos en clave de ficción. En este campo resulta particularmente destacable la obra del novelista, ensayista, y ocultista norteamericano Robert Anton Wilson (1932-2007), firme propulsor de una sociedad agnóstica a través de su literatura. Entre sus libros más reseñables, se cuentan los que integran su trilogía *Illuminatus!* (1975), escrita en colaboración con Robert Shea. Esta se compone de los siguientes títulos: *The Eye in the Pyramid*, *The Golden Apple* y *Leviathan*. Otros de sus libros basados en la Orden son *Cosmic Trigger I: Final Secret of the Illuminati* (1977) o *The Illuminati Papers* (1980).

No obstante, el fenómeno illuminati vive una nueva edad de oro en el ámbito de la ficción, con títulos como *La conspiración de los Illuminati* de G. L. Barone, el *Proyecto Anticristo* de Miguel Pedrero Gómez o *The Illuminati*, de Larry Burkett. El origen de esta nueva hornada de títulos hay que buscarla, naturalmente, en la publicación en el año 2000 de *Ángeles y demonios*, el celebérrimo *best-seller* escrito por Dan Brown y llevado al cine en 2009.

Estructurado como una novela de misterio, el libro narra las peripecias del profesor Robert Langdon que, tras verse envuelto en una trama de intrigas, luchará para prevenir la destrucción del Vaticano. Los illuminati que propone Dan Brown son retratados como una sociedad secreta integrada por científicos seguidores de los postulados de Galileo y Copérnico. La persecución y detención de Galileo provoca que cuatro de sus miembros sean asimismo detenidos, torturados y marcados a fuego. Como venganza, siglos más tarde, los illuminati planean aprovechar un encuentro de cardenales en el Vaticano con objeto de designar un nuevo Papa, para llevar a cabo un sabotaje. Con él pretenden interceder en defensa de la ciencia y en contra de la religión. Su plan: hacer explotar, durante la celebración del nombramiento, un dispositivo antimateria capaz de sembrar Roma de una destrucción equivalente a la de una bomba nuclear.

Pese a que Dan Brown afirma haber empleado más de un año en documentarse para la escritura de *Ángeles y demonios*, desafortunadamente cabe concluir que no posee ningún rigor a la hora de arrojar una imagen creíble de la Orden secreta de los illuminati. En gran medida, se limita a inventar una versión libre de la misma y a integrarla en la narración. De hecho, tal como apunta Robert Goodman en *Las claves de Ángeles y demonios* –un artículo al respecto publicado en la revista *Más Allá*–, no existe absolutamente ningún dato con fundamento histórico que permita establecer que efectivamente existiera algún vínculo entre Galileo y los illuminati. Tampoco que se diera ninguna coincidencia temporal ni geográfica entre el celebérrimo científico y la Orden, que se fundó muchos siglos después.

Pese a todo, se debe agradecer al autor que, gracias al éxito que cosechara su libro en el mundo entero, miles de ciudadanos de los más diversos países se hayan interesado y sigan interesándose por los illuminati. Y que a partir de la novela, muchos hayan profundizado en su verdadera historia a través de ensayos y otros escritos.

LAS HISTORIAS MÁS LOCAS DE FAMOSOS ILLUMINATI

El tema de los illuminati tiene tirón y a muchos artistas no les importa que se les relacione con la sociedad secreta para aumentar su popularidad y las visitas a sus páginas. Algunos *community managers* se encargan de difundir estos bulos y en otras ocasiones son frutos de la fértil imaginación de los fans.

Justin Beaber, un reptiliano
Se ha especulado mucho sobre si el cantante es illuminati, como se ha hecho con tantos otros, pero en su caso, se ha dado un paso más y se lo ha acusado de ser un reptiliano. En 2004 fue detenido por hacer carreras de coches bajo efectos del alcohol y los estupefacientes. Durante el juicio, se publicó un vídeo en el que se asegura que durante unas milésimas de segundo su piel se vuelve verde y sus ojos rojos.

El divorcio de Angelina Jolie y Brad Pitt
La versión oficial es que el final de *Brangelina* se debió al alcoholismo del actor, que se mostró agresivo con su hijo Madox en un vuelo comercial. Pero internet está plagado de noticias en las que se acusa a Jolie de pertenecer a los illuminati y de participar en orgías y sacrificar animales. Concretamente, estando con Pitt acabó con la vida de una serpiente, lo que supuestamente provocó que el actor la abandonara.

La hija de Beyoncé no es su hija
Blue Ivy nació en 2012 y su madre, la célebre cantante Beyoncé, confió que así acabarían los rumores que la acusaban de llevar una barriga de plástico y de no estar embarazada. No fue así, estas hipótesis se recrudecieron en la red hasta asegurar que el nombre de su hija es el acrónimo de *Born Living Under Evil, Illuminatis Very Youngest* (es decir, *"Nacida para vivir bajo el mal, la más joven de los iluminati"*).

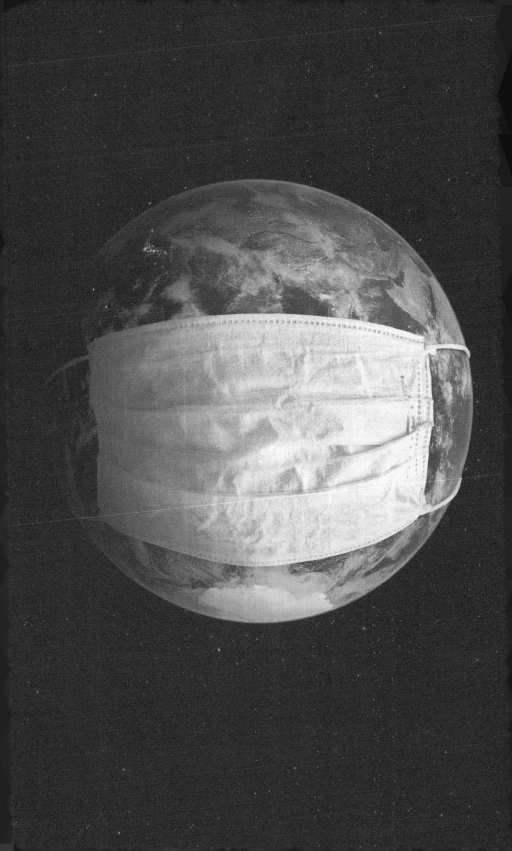

CAPÍTULO 26
¿LA PANDEMIA DE LOS ILLUMINATI?

En 2002, una nueva enfermedad hacía su aparición en el planeta. Se trataba del SARS (*Severe Acute Respiratory Syndrome*, es decir, "*Síndrome Respiratorio Agudo Severo*"). El brote se inició en el sur de China, cuyo aparato gubernamental encubrió los hechos. "Todo está bajo control", insistía Beijing. Por supuesto, no era así y pronto el virus se propagó a otros países. Durante los dos años siguientes, se reportaron en el mundo un total de unos 9.000 infectados y aproximadamente 800 fallecimientos. Se criticó duramente al gobierno chino, pero fuera de la comunidad científica nadie le dio mayor importancia. La historia terminó ahí. O eso se creyó.

Tres lustros después, en diciembre de 2019, el Área de Emergencias del Hospital Central de Wuhan, China, recibía los resultados de unos análisis que le había solicitado a Beijing. El informe resultaba como mínimo inquietante, y la doctora responsable afirmó en entrevistas posteriores que apenas lo leyó, sintió un escalofrío. Encabezaban el documento dos términos privados de significado para todo aquel ajeno a la comunidad científica, y que sin embargo en el plazo de pocos meses iban a conocer prácticamente todos los habitantes del planeta: SARS Coronavirus.

253

*Todo parece apuntar a que el origen de la Covid-19
tuvo lugar en la ciudad china de Wuhan.*

La doctora responsable digitalizó el informe, que rápidamente empezó a circular por WeChat, la célebre red de mensajería China, que tiene bloqueada en su territorio el acceso a los servidores occidentales. Los doctores y científicos que lo recibieron pronto lo reenviaron a sus contactos. Los destinatarios se multiplicaron por decenas, por centenares, y propagaron la información a velocidad viral. "No haga circular este mensaje fuera de este grupo [advertía uno de los doctores]. Consiga que su familia y sus seres queridos adopten precauciones".

Un nuevo virus

No se trataba del SARS, como se pensó en un primer momento, sino una nueva variedad de coronavirus que guardaba similitudes con el mismo. Pero las diferencias eran suficientes como para sospechar –incluso en estos primeros momentos–, que si el virus se extendía, China entera, con sus casi 1.400 millones de habitantes, se vería en serios aprietos. Y con ella el planeta entero.

Los ingresos hospitalarios de aquejados de neumonía y otras enfermedades respiratorias desbordaban las unidades de cuidados intensivos. Nuevas muestras pulmonares fueron sometidas a análisis. Los acuerdos internacionales en materia de derecho y pandemias establecen que cualquier nueva enfermedad infecciosa que se detecte debe ser inmediatamente notificada a la Organización Mundial de la Salud. Nuevamente el gobierno Chino hizo cuanto estuvo en su mano para silenciar el brote.

El resto, como suele decirse, es historia.

El coronavirus se extiende por Europa y por los Estados Unidos. Se propaga fuera de control, el conteo de muertos parece no conocer fin. El gobierno de los Estados Unidos acusa a China de haber sintetizado el virus en un laboratorio. El gobierno chino acusa al ejército estadounidense de haber traído intencionadamente el virus a China.

Conspiraciones en propagación vírica

Independientemente de la verosimilitud que se le den a este y otros intercambios de acusaciones, lo cierto es que se nos plantean más preguntas que respuestas. ¿Cómo surgió verdaderamente el virus? ¿Fue de veras diseñado por ingenieros militares en el estudio de una nueva guerra biológica? ¿Fue un producto accidental de la naturaleza? ¿Cabe buscar su origen en un murciélago? ¿En el pangolín malayo?

Sea como fuere, en enero de 2020, las cifras oficiales hablaban de más de cien millones de infectados en todo el mundo y de más de dos millones de fallecidos. Cifras en permanente revisión que no hacen sino contribuir al desconcierto.

Las hipótesis sobre los hechos que aquí se exponen son, de hecho, infinitas. Lo mismo puede decirse de las conclusiones tras analizar unas cifras oficiales de infectados y fallecidos que son –tal como han señalado en ocasiones incluso los medios generalistas– muy pero que muy poco fiables. Cifras que parecen obedecer más a agendas políticas que a registros hospitalarios rigurosos. Cifras que se fundamentan en fuentes que se contradicen. Cifras con muy poca coherencia, con muy poca lógica a la que nos paramos a cotejar, a contrastar fuentes. También el origen de la pandemia es demasiado reciente como para que se extraigan hipótesis concluyentes.

En el momento de escribir estas líneas, el coronavirus sigue extendiéndose, sigue generando mutaciones, y no tendría sentido teorizar acerca del propio virus a un nivel biológico cuando la propia comunidad científica reconoce estar un tanto perdida y no tener claras sus conclusiones. Tampoco merece la pena pontificar acerca de unas estadísticas que no dejan de fluctuar y sobre las que únicamente sabemos una cosa: resultan muy poco verosímiles.

Sí cabe, en cambio, analizar cómo las elites políticas y económicas son gracias al coronavirus, más prósperas y están mejor coordinadas que nunca. Sí se puede estudiar, además, las consecuencias que está teniendo la pandemia en la sociedad. Y hasta qué punto beneficia a los illuminati este contexto.

La Orden en el punto de mira

Desde que la Covid-19 irrumpió, trastocó por completo la mentalidad y la precepción del mundo de millones de ciudadanos. Desde entonces, distintas teorías de la conspiración no han dejado de germinar y de propagarse como un virus paralelo. Para todo aquel que posea conocimientos elementales en ámbitos como la tecnología o la ciencia, lo cierto es que las tesis que interrelacionan las conexiones 5G, los microchips y las vacunas no parecen poseer demasiado fundamento. Resulta probable que los microchips se conviertan en la herramienta de control de masas por antonomasia en un futuro próximo: que miembros illuminati de Silicon Valley estén volcados en su estudio y desarrollo. No obstante, todas las implantaciones documentadas y verificadas de dispositivos reales y tangibles en personas y animales –como el Verichip o el Neuralink de Elon Musk–, quedan lejos de poder diluirse en un líquido inyectable, como proponen ciertas corrientes del pensamiento crítico.

Más certeras resultan publicaciones como las que está difundiendo la revista *Unbounded Wisdom*, que en sus "Tres razones por las cuales los illuminati han creado la Covid-19", concluye que son las siguientes: "Para difundir el miedo; para mantener a las masas distraídas; y para controlar la superpoblación y prevenir que se agoten los recursos".

En la misma dirección apuntan artículos como *El gran plan de los Illuminati: Coronavirus*, aparecido en *Universal Lighthousem*, que mantiene: "No importa cuál sea tu religión, tu país o tu cultura. Todo se reduce a ejercer un control gubernamental sobre la gente. El fenómeno se está utilizando para implantar una Ley Marcial anticipadamente. No importa si votas, si amas o si odias a Trump; este país es propiedad de los muy, muy ricos y tú solamente eres un esclavo del sistema. Los muy ricos tienen un plan muy siniestro: esclavizar a todos los trabajadores en su beneficio. Los ancianos, los discapacitados o los que por cualquier motivo no pueden trabajar son una carga para ellos".

Incluso medios vinculados a la iglesia evangélica, como *Evangelical End Time Machine* parecen secundar hipótesis parecidas "Y el Nuevo Orden Mundial y los illuminati –leemos en *Revelation about the Illuminati and the Coronavirus*–, pletóricos de ideas y obras oscuras, quieren acabar con las elecciones políticas, puesto que lo que desean es hacerse cargo de todo a través del Nuevo Orden Mundial".

En otro contexto, afirmaciones como estas habrían arrancado una sonrisa condescendiente de la mayor parte de la población, que inmediatamente las habría desechado tachándolas de descabelladas. Hoy, no obstante, suenan cada vez más razonables incluso para aquellos segmentos de la ciudadanía contaminadas por el mensaje oficial de los medios de comunicación.

El miedo y la culpa

Después de todo, no resulta nada fácil seguir ignorando los cambios que se están operando en nuestras relaciones personales, en nuestra sociedad, en nuestras propias mentes. Al discurso del miedo, le sigue el discurso de la culpa, que a su vez da paso de nuevo al discurso del miedo, y otra vez vuelta a empezar.

Partiendo de la suposición de que el coronavirus no fuera sintetizado en un laboratorio y aceptando que surgiera únicamente de un accidente de la naturaleza, el resultado es el mismo: aunque los gobiernos no sepan lo que ocurre, no dudan un instante en dictarnos qué debemos hacer y pensar. Qué debemos sentir. Y en este último frente (ya nadie puede dudarlo) nos están bombardeando con dos sentimientos clave. Dos sentimientos que abren de par en par las puertas del control mental. Culpa y, a continuación, miedo.

La parálisis está inoculada y hace a la población manipulable. Las circunstancias lo justifican, pero una vez esta conducta es aprendida, se integra como natural. En un futuro se puede obligar a la población a no salir de su casa por cualquier otra amenaza, aunque en este caso sea ficticia.

Multitud de megalómanos han soñado a lo largo de los tiempos con un escenario que les permitiera prohibir la libre circulación de las personas por las aceras, las reuniones y los encuentros. Cerrar toda clase de locales, vaciar las calles dictando toques de queda, modificar la legislación en cuestión de horas. Todo ello sin dar apenas explicaciones. Sin despliegues de violencia, sin ejército, sin tanques.

Las escasísimas voces que se alzan en oposición son deslegitimadas, ridiculizadas. Se las acusa de paranoia, de negacionismo. Son las voces de la extrema derecha, nos dicen. Son las voces del fascismo.

Los poderes en la sombra llevan siglos soñando con un totalitarismo tan férreo que dar un paseo por el barrio sea motivo suficiente para una detención policial, para una multa que equivale a un salario. Una dictadura tan total que el simple hecho de pisar la calle pueda ser considerado un delito grave.

Todo ello mientras la gran maquinaria económica sigue girando, mientras millones de trabajadores siguen acudiendo mañana tras mañana a las cadenas de montaje, con miedo a contraer la enfermedad y con miedo a quedarse sin sustento. Mientras, millones de trabajadores siguen operando aplicaciones informáticas frente a los ordenadores en oficinas de todo el mundo, alimentando las cuentas de la elite. El ocio ha desaparecido, el contacto también, pero el trabajo se dibuja como un bien preciado que no todos tienen.

Illuminati, los grandes beneficiarios de la Covid-19

De acuerdo con la percepción popular –y de nuevo aquí los medios de masas al servicio de la elite están desempeñando impecablemente su papel blanqueador–, la pandemia perjudica a todos. Incluso quienes están dispuestos a aceptar que el perjuicio es desigual, dan por sentado que tanto las empresas como los ciudadanos o los propios países acusan en mayor o menor medida un desgaste económico, una caída en los ingresos, una pérdida de poder adquisitivo. Un descenso generalizado en la calidad de vida.

Sin embargo, algunas noticias rompen con este mensaje institucional. "Las grandes fortunas no se ven afectadas por el coronavirus y crecen casi 250.000 millones en dos meses, según *Forbes*", informaba en agosto de 2020 Radio Televisión Española. "El coronavirus hace más ricos a los 'milmillonarios', según un estudio de UBS y PricewaterhouseCoopers", radiaban en octubre los informativos de Antena 3 Noticias. "Las grandes fortunas de EE.UU. doblan patrimonio durante la Covid", reza un titular de *La Vanguardia* publicado en diciembre.

El incremento de dividendos mostrado resulta particularmente astronómico en las corporaciones focalizadas en la tecnología, en el clan de Silicon Valley. En solamente dos meses de pandemia –abril

*Millonarios como Bill Gates (Microsoft), Jeff Bezos (Amazon)
o Mark Zuckerberg (Facebook) han visto como la
pandemia todavía les ha hecho más ricos.*

y mayo–, la fortuna de Mark Zuckeberg (creador y propietario de Facebook) creció un 46,2%; la de Jeff Bezos (propietario de Amazon) un 30,6%. Bezos pasó a incrementar su patrimonio en 34.600 millones de dólares; Zuckerberg sumó al suyo 25.300 millones. Bill Gates, durante esos dos meses, se enriqueció un 19%. Un porcentaje modesto si lo comparamos con los anteriores. No obstante, el hecho es que en este caso hablamos de una suma de 75.500 millones de dólares. En dos meses. Sesenta días, ni uno más.

Durante este período, Elon Musk incrementó su fortuna en un 48%. Hoy es el hombre más rico del mundo, asesora personalmente al presidente de los Estados Unidos y sigue presentando públicamente prototipos del Neuralink, el microchip que pronto toda la población llevará implantado, según sus vaticinios. De acuerdo con entrevistas recientes al magnate e inventor, en el plazo de pocos años el Neuralink costará en torno a los cien dólares y estará tan integrado en nuestras vidas como lo está hoy el teléfono móvil.

Empobrecimiento y sumisión

Ciertamente la Orden de los illuminati tiene un mayor alcance en Estados Unidos por ser uno de los países más ricos e influyentes del mundo, pero sus tentáculos se extienden por prácticamente todo el mundo desarrollado, y el enriquecimiento de los más acaudalados es una constante planetaria. Y por si alguien lo dudaba tras ver documentada la presencia española en el Club Bilderberg, también las elites de este país han visto dispararse sus beneficios. "La fortuna de los 23 españoles más ricos crece un 16% desde el 18 de marzo", publicaba en junio el periódico *Infolibre*.

Se podría seguir desglosando cifras de beneficios, detallar cómo fortunas que sumaban ya cientos de miles de millones se han duplicado, triplicado... Entretanto, las pequeñas y medianas empresas quiebran. Los pequeños comercios bajan para siempre sus persianas y no volverán a alzarlas nunca. Millones de familias se empobrecen hasta el límite de la miseria. El paro se dispara, el mercado del trabajo se recrudece, las condiciones laborales abrazan más abiertamente la precariedad.

Pero a la presión económica se le debe sumar la imposibilidad de encontrar cierto consuelo en la vida cotidiana, en la que se ha perdido el derecho a la movilidad o el derecho de reunión. Un contexto que permite a los gobiernos –en coordinación con los gigantes de Silicon Valley– censurar cualquier opinión discordante en los medios y en las redes simplemente señalando, atención, que son "bulos". Todo ello amparándose en el bien común y en la protección de la salud. En ocasiones desoyendo las recomendaciones de la comunidad científica.

Nunca la población ha estado tan crispada ni las elites tan relajadas, con la seguridad de que no cuentan con oposición que pueda (o quiera) rebelarse en este contexto. Ni siquiera cuando el dinero desaparece de sus cuentas bancarias y ve como por arte de magia se suma a las fortunas de los illuminati.

Nos sentimos demasiado culpables. Tenemos demasiado miedo.

No todo el mundo lo tiene. En enero de 2021, la cantante y artista pop Claire Elise Boucher –que firma sus discos como Grimes y que es desde hace años la pareja de Elon Musk–, hizo público en sus redes sociales que "disfrutaba" de tener la Covid-19 porque estaba "aprovechando para hacer cosas".

EL FUTURO ES TOTALITARIO Y VÍRICO

Lo cierto es que, independientemente de las sospechas, la posibilidad de que se desaten pandemias globales lleva muchos años formando parte de los temarios que se imparten en disciplinas como la medicina, la biología e incluso en materias solo tangencialmente relacionadas a estos fenómenos, como la sociología. No obstante, desde que el coronavirus y sus distintas mutaciones campan a sus anchas por los cinco continentes, los medios más catastrofistas azuzan el miedo repitiendo que la Covid 19 no es más que el principio.

"Bill Gates advierte de que el mundo debe prepararse para una nueva pandemia", rezan los titulares de Antena 3 Noticias en enero de 2021. "El mundo aún no se ha recuperado de la Covid-19 y el empresario, informático y filántropo estadounidense Bill Gates pide prepararse para una nueva pandemia", corrobora un artículo publicado en *El Mundo Deportivo*. "La triste realidad es que la Covid-19 podría no ser la última pandemia –escribe Gates en su blog–. Se desconoce cuándo llegará la próxima, si será una gripe, un coronavirus o alguna enfermedad desconocida hasta el momento. Pero lo que sí sabemos es que no podemos permitirnos que nos pillen desprevenidos de nuevo".

En definitiva, si las autoridades necesitan una nueva carta blanca para seguir restringiendo los movimientos, los actos, los pensamientos, todo apunta a que el crupier va a repartir en su provecho. La triste realidad, a la vista de la sumisión conseguida, es que tal vez ni siquiera haga falta jugar otra mano. Tal vez todo está dispuesto para imponer el Nuevo Orden Mundial.

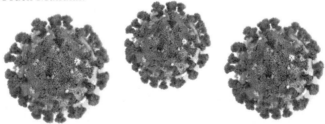

CAPÍTULO 27
POSVERDAD EN LA ERA DE LA MENTIRA

"Posverdad" es indudablemente una de las palabras de moda. Uno de los términos que con mayor frecuencia han aparecido a lo largo de los últimos años en columnas de opinión, artículos de información general, páginas personales de internet, foros de debate. De acuerdo con el diccionario de la RAE, el término se define como "Distorsión deliberada de una realidad, que manipula creencias y emociones con el fin de influir en la opinión pública y en actitudes sociales". Circula por los medios anglosajones una síntesis más parca pero igualmente válida que la define como "mentira emotiva".

Una sociedad desconfiada, pero obediente

"La gente ya no cree en los hechos", apuntaba el lingüista, filósofo, politólogo y activista norteamericano Noam Chomsky en una entrevista publicada en 2020. Como señala el eminente profesor, los embustes ya no precisan apoyarse en datos demostrables; gracias a internet contamos con un sinfín de fuentes, pero nadie se molesta en verificar qué hay de cierto en lo que lee. Basta con que la información pulse los resortes adecuados del cerebro, con que estos desencadenen las emociones precisas. Lo que importa, sobre todo, es que la mentira encaje tan perfectamente como sea posible en nuestro sistema de creencias, que refuerce la visión del mundo que tenga el individuo. Lo fundamental es que la mentira nos confirme, que corrobore lo que previamente sospechábamos o lo que abiertamente abrazábamos.

Por citar un ejemplo, en el presente volumen y tras hacer un repaso detallado a todo cuanto han publicado David Icke y otros destacados estudiosos y escritores del pensamiento crítico al respecto de la teoría de los reptilianos, hemos concluido que, ciñéndonos a los hechos, no existían razones de peso para dar por bueno que una raza alienígena habite el subsuelo terráqueo. Y sin embargo los enormes avances que está llevando a cabo Elon Musk en el proyecto Hyperloop parecerían corroborar que los reptilianos existen y que Musk –recordemos que actualmente es el hombre más rico del mundo– es uno de ellos. ¿Qué otra razón tendría este multimillonario sudafricano para invertir millones y millones de dólares en construir múltiples niveles de túneles bajo el subsuelo a profundidades inusuales?

Musk apunta en sus declaraciones que la meta del proyecto Hyperloop es descongestionar el tráfico. Curiosamente también deja caer alegremente en sus conferencias que si excavas a una profundidad suficiente, los túneles son extremadamente difíciles de registrar, incluso con herramientas sísmicas muy precisas. Que si desarrollas un dispositivo capaz de detectar movimientos en el subsuelo, sin duda tendrás compradores en el ejército estadounidense o en el ejército israelí, puesto que, a partir de un determinado nivel de profundidad, la actividad subterránea es virtualmente indetectable. Perforar el subsuelo, llenarlo de túneles y más túneles para descongestionar el tráfico parece un objetivo perfectamente inocente. No obstante ¿quién puede estar seguro de si dice la verdad?

La reacción a la mentira

Poderosos conspirando en la sombra siempre han existido. Las medias verdades y los embustes han asomado en sus discursos. Y sin embargo la falsedad nunca ha conformado estructuras tan sólidas, tan omnipresentes, tan blindadas al debate. La manipulación mediática se ha sofisticado y el pensamiento único se ha solidificado. Nadie admite el debate. Los ciudadanos se encierran en lo que los sociólogos denominan "la caja de ecos". Escogen en las redes sociales a los que opinan como ellos y se blindan en un cómodo mundo sin réplica.

La mentira institucional, política, económica se coordina hoy de tal modo que cualquier forma de disidencia queda automáticamente tachada de insolidaridad. Y sin embargo, algunas formas de disidencia persisten y apelan a una toma de conciencia.

Los canales de televisión, la prensa, los grandes grupos mediáticos que engloban a decenas y decenas de medios –en ocasiones de signo político opuesto y sin embargo parte de una misma corporación– tradicionalmente no han sido nunca del todo imparciales. El espectador ha tolerado las falsedades, pero ha dejado de creerlas. Todos los mensajes mediáticos, incluso los más documentados, despiertan escepticismo.

Cae la venda de los ojos

El acercamiento a posiciones etiquetadas como antisistema, antaño patrimonio de la alocada juventud y de pequeños grupúsculos de adultos críticos, hoy comienza a ser reivindicado por ciudadanos de todas las edades. No en sus versiones más virulentas, pero sí conservando el hartazgo y la necesidad de un cambio que reordene el tablero de juego. Y también se da un cuestionamiento de la verdad oficial que acerca más a la población a las posiciones que antes se tildaban de conspiranoicas.

Naturalmente no todas las clases sociales se sienten defraudadas y desesperadas. Los que ostentan el poder, los lugares en los que se mueven los illuminati, se han confiado. La impunidad que han logrado les está haciendo perder las formas. Y ese es el gran peligro para sus intereses, porque la ciudadanía es cada vez más consciente de sus errores. El rey no está desnudo, el rey viste de Armani y saborea una jugosa langosta mientras el resto de la población busca un culpable a quien señalar por no llegar a fin de mes.

Incluso quienes todavía se las arreglan para salir adelante y sobrevivir con una cierta dignidad en un entorno cada vez más hostil, se están dando cuenta por momentos de que ellos pueden ser los siguientes en caer. La narrativa de las elites dirigentes trata de mantener el status quo. Llevan tantas generaciones desvinculados de la realidad, encaramados en las montañas de dinero, que a estas alturas parecen tener serios problemas para entender lo que se fragua bajo la superficie.

Buena parte de los ensayos y libros que se han escrito acerca de los planes de dominación de los illuminati, sobre el control mental, parten de la premisa de que la sociedad secreta lo tiene todo previsto. De que no hay fisuras, de que todo está atado y bien atado. Lo cierto es que hasta hace relativamente poco, el desarrollo de los acontecimientos parecía darles la razón. No obstante, las cosas parecen estar cambiando. Sin ir más lejos, un estudio publicado por la agencia EFE en enero de 2021 decía que "Un veintitrés por ciento de las personas consultadas en una encuesta hecha en septiembre dijo que cree que hay una organización secreta que tiene una gran influencia sobre las decisiones políticas". Pese a la ridiculización constante e ininterrumpida de las teorías conspiratorias en general y de los planes de los illuminati en particular, la desconfianza hacia los gobiernos y los medios de comunicación tradicionales no deja de aumentar.

Los auténticos creadores de la posverdad

Desde el principio mismo de los tiempos, aquellos que se han guiado por la ambición y la codicia, han conformado grupos que han conspirado contra sus semejantes. Las elites se han unido con el único fin de materializar sus objetivos a espaldas de la mayoría. Han intercambiado influencias para explotarla en su propio provecho, para encumbrarse los unos a los otros en estructuras de dominio cada vez más complejas, cada vez más efectivas.

En el pasado distintos grupos han competido entre sí en guerras por terruños o en luchas por hacerse con los negocios del rival. Pero hace ya mucho que las dinámicas han cambiado. Las plutocracias, alentadas por los illuminati, ya no se ven a sí mismas como competidoras en un juego consistente en obtener una porción del pastel tan grande y suculenta como sea posible. En las sociedades tecnológicas, las elites, otrora fragmentadas, han aprendido que su mejor baza para mantener sus privilegios sobre el resto pasa por unirse y blindarse. A fin de cuentas comparten un único objetivo: enriquecerse, adquirir poder, seguir enriqueciéndose, seguir adquiriendo poder. Esa ha sido desde siempre la filosofía illuminati. Pero hasta ahora podían "disimular" y conseguir vivir sobre las clases menos privilegiadas sin que estas fueran conscientes.

"Seis de cada diez españoles no se fían de los medios de comunicación. Un informe de la consultora Edelman analiza los últimos meses de 2020 y revela que un 58% de los encuestados desconfía de la información", reza un artículo publicado en *El Confidencial Digital* en enero de 2021. El aglutinamiento del poder mediático, el poder económico y el poder político en manos de unos pocos, se exhibe hoy frente a todos sin pudor. Las empresas se fusionan, se absorben, conforman una única corporación global. Aquellas que no son invitadas a entrar en el juego son saboteadas, se extinguen, quiebran o se las empuja a quebrar. Lo mismo puede aplicarse a la banca: a lo largo de los últimos años hemos asistido a la creación de entidades financieras más conglomeradas y gigantescas, al tiempo que los pequeños bancos y las cajas de ahorros más modestas desaparecían. No, las entidades que todo lo controlan ya no conspiran las unas contra las otras. Conspiran todas a una. Conspiran contra los intereses de los que no pertenecen a su grupo.

El descaro del engaño

La política ha perdido su poder, que ha ido a parar a la economía. Las distancias entre partidos de signo opuesto se han acortado hasta que la ideología ha desaparecido. Los vínculos entre poder económico y poder político nunca han estado más documentados y más visibles a los ojos incluso del espectador menos crítico. Las puertas giratorias no se detienen, también ellas son cada vez más transparentes. Los magnates optan a puestos políticos, los políticos son encumbrados en las juntas directivas de las multinacionales tan pronto terminan sus mandatos e incluso durante los mismos. Las puertas giran a cada vez mayor velocidad, y por ellas circulan ministros, presidentes, monarcas, constructores, proveedores de servicios básicos, como el agua o la luz. Chocan las manos, sonriéndose, sonriéndonos. Como si supieran algo que no sabemos. Y saben, naturalmente que saben. El poder político es hoy independiente de su ideología porque su ideología es una y única: un triángulo y un ojo.

Es tan obvio, que los ciudadanos de todo el mundo están dándose cuenta de lo que está pasando. Al principio no alcanzan a asimilar. Poco a poco van comprendiendo.

Las elites han alcanzado un punto de acuerdo de mínimos que favorece sus intereses compartidos. Los illuminati constituyen, hoy más que nunca, una única elite. Han limado asperezas y has establecido un objetivo común.

Ética de mínimos

Los reptilianos son una cortina de humo para encubrir a los illuminati. Los illuminati son una cortina de humo para encubrir a las elites económicas. Los illuminati son en realidad reptilianos que provienen de un lejano sistema solar. Los illuminati dejaron de existir hace siglos y el Club Bilderberg se ha limitado a usarlos como inspiración. El Club Bilderberg y los illuminati son una misma cosa. Quien mueve en realidad los hilos del mundo es la Orden Skull & Bones con la familia Bush al frente. La Rosacruz y los illuminati son una misma cosa. Ni los illuminati ni los Skull & Bones ni ninguna de las órdenes de la Rosacruz existen a día de hoy, los males del mundo son fruto de un mercado voraz, de un capitalismo tan distorsionado, tan grotesco, que brinda por comparación tintes comunistas al capitalismo tal y como lo concibieron sus teóricos y padres fundadores en siglos pasados.

Tesis sobre los illuminati no faltan, como hemos ido viendo a lo largo del presente libro. La conspiración en la era de la posverdad es multiforme. En el caleidoscopio que ofrece, cada cual puede visualizar su propia verdad, proyectar sus propios deseos.

En la era de la posverdad, la tesis que sostiene cada uno es la única verdadera, y en este ensayo hemos presentado la nuestra, documentada, con suficientes hilos para que el lector tire de ellos y saque sus propias conclusiones.

Dar con la verdad, para bien o para mal, constituye una tarea que solo puede hacer cada uno por su cuenta. Construirse un sistema de creencias es una responsabilidad personal e intransferible. A lo largo de este ensayo, hemos buceado en el lodo de los illuminati y se ha procesado toda la información veraz. El trabajo de investigación ha sido minucioso, hemos procedido con el máximo rigor, y sin embargo no existe el libro perfecto, a excepción tal vez de los libros de matemáticas, que a su vez muy a menudo presentan fallos. Todos los ensayos, independientemente de la materia en la que se centran, aportan información y sostienen una tesis a partir de ella.

Hemos aportado pruebas de que los illuminati existen desde hace siglos, que perviven entre nosotros a día de hoy. Hemos querido dejar una puerta abierta a que actualmente se hagan llamar Club Bilderberg, a que operen con otros nombres repartidos por distintas órdenes que conforman en definitiva una sola. Hemos diseccionado sus vínculos con la sociedad digital y con las nuevas tecnologías, con Silicon Valley, con el desarrollo de implantes y microchips. Asimismo, hemos querido descartar algunas de teorías que no nos parecían ni válidas ni demostrables, como las que vinculan a la Orden con sacrificios sistemáticos de niños o con razas de reptiles alienígenas que habitan los subsuelos de nuestro planeta.

Solo el lector puede juzgar

Aspiramos a ayudar al lector a forjarse una visión propia del mundo. A entender qué fuerzas operan por encima de todos nosotros y cómo nos podrían estar manipulando. Nos atrevemos a dar alas a una versión de la realidad mucho más oscura y perversa que la oficial, a retirarle el velo a un universo manipulado por la megalomanía, la corrupción, la codicia. Un escenario mucho más enfermo y desasosegante de lo que ningún medio de comunicación se atrevería a admitir.

No dejarse embaucar por la información con que se nos bombardea constantemente es, definitivamente, una tarea que nos corresponde a cada cual. Los illuminati lo tienen todo previsto. Sus objetivos están claros. Y como ya planearon hace dos siglos, están entreteniendo a la ciudadanía con ofertas de ocio para que no repare en sus planes.

Esa sociedad complacida por unas dinámicas de consumo perpetuo, por un entretenimiento cada vez más sofisticado, tiene poco margen de actuación. Vemos el futuro que han diseñado para nosotros y el desasosiego hace mella. Y sin embargo seguimos divididos: quienes sostienen que estamos en manos de los illuminati arremeten contra quienes sospechan de Skull & Bones. Quienes señalan como culpables al Club Bilderberg se revuelven contra quienes culpan a sociedades secretas que provienen de tiempos mucho más lejanos. Una parte nada desdeñable de los activistas antisistema y antiglobalización niega todos estos fenómenos. Y sin embargo, incluso ellos son igualmente conscientes de los mecanismos de control, del fortalecimiento de las elites.

Claudio Soler

Contra las elites

Llamémoslos, en consecuencia, illuminati. Llamémoslos Club Bilderberg, llamémoslos reptilianos. Refirámonos a ellos simplemente
como elites, si así lo preferimos. A ellos pertenece el futuro, ellos manejan la economía, los órganos legislativos, las nuevas tecnologías. Y
no han sido votados por nadie. La propia internet ha dejado de ser
un territorio neutral.

Pero se ha hecho de un modo tan obvio, que no ha pasado de-
sapercibido. No, ni siquiera los illuminati lo tienen todo previsto.
Existen, y pese a su complejo entramado de mentiras, son falibles.
Generación tras generación, nos están catapultando a la uniformi-
dad mediante mecanismos de control de masas. Pero su búnker no
es inexpugnable, no todavía. Trabajan a toda velocidad para que así
sea, y sin nuestra oposición, qué duda cabe, un día lo conseguirán.
Sólo nuestra pasividad les permitirá seguir creciendo e imponer su
Nuevo Orden Mundial.

No, no sabemos con cuánto tiempo contamos, pero estamos co-
brando conciencia de que no elegimos a los que son *de facto* nuestros
gobernantes, de la voracidad de los mercados, de los engaños de la
narrativa oficial. Hay lugar para la esperanza, pero solo si reacciona-
mos aprisa. Los illuminati tratan de sellar las grietas que se abren
en sus búnkeres, ellos también se ven cercados. Aferrémonos a la
posibilidad de que no logren cerrarlas, no lo suficientemente aprisa
por lo menos. Hasta entonces tenemos tiempo.

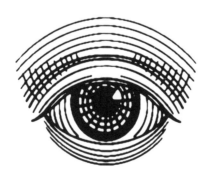

Bibliografía:

Chomsky, Noam; *El nuevo orden mundial (y el viejo)*, Editorial Austral, 2013.

Martínez Otero, Luis Miguel; *Los Illuminati. La trama y el complot*, Ediciones Obelisco, 2004.

Epperson, Ralph; *El nuevo orden mundial*, Obelisco, 2005.

Estulin, Daniel; *La verdadera historia del club Bilderbeg*, Booket, 2007.

Goodman, Robert; *El gran complot. Cien años de poder en la sombra*, Robinbook, 2005.

Goodman, Robert; *El libro negro de los Illuminati*, Robinbook, 2006.

Howells, Robert; *Illuminati. Estudios y documentos*, Obelisco, 2018.

Wilson, R.A.; *El secreto final de los iluminados*, Martínez Roca, 1983.

Henry, William; *Cloak of the Illuminati*, Adventures Unlimited, 2003.

Magaldi, Gioele; *Massoni. Società a responsabilità illimitata. La scoperta delle Ur-Lodges*, Chiarelettere, 2019.

Martín Jiménez, Cristina; *Los amos del mundo están al acecho*, Editorial Planeta, 2018.

H, Koch, Paul; *Illuminati. Los secretos de la secta más temida por la Iglesia Católica*, Editorial Planeta, 2004.

Schwab, Klaus; *La cuarta revolución industrial*, Editorial Debate, 2016.

Springmeier, Fritz; *Les plans occultes du Nouvel Ordre Mondial*, Hades éditions, 2020.

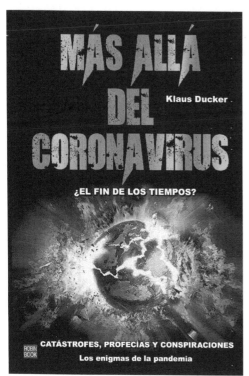

MÁS ALLÁ DEL CORONAVIRUS
Klaus Ducker

Este libro da respuestas a todo lo que nos ha sobrevenido y tal vez podría estar por llegar, reflejando en paralelo las catástrofes, conspiraciones y profecías que nos ayudan a entender mejor los cambios que ya está anticipando el mundo en que vivimos. Todo será distinto. Probablemente ya lo sabíamos, pues el concepto de fin de los tiempos alude en las principales religiones a un nuevo paradigma. Lo que expone el autor debería hacernos reflexionar acerca de la hipocresía y autocomplacencia de nuestra sociedad que parece querer autodestruirse.

¿Seremos los mensajeros de esta destrucción? ¿Están sonando las trompetas del apocalipsis?

• ¿Qué papel jugará la Inteligencia Artificial en el futuro inmediato?

• Las principales pandemias que han asolado a la población a lo largo de la historia.

• ¿Nuevo Orden Mundial o Nuevo Caos Mundial?

• El impacto de la pandemia en el medio natural.

• Recordando los tsunamis más devastadores.

• Cuando Covid es por culpa del 5G.

• Las profecías de los grandes visionarios como Nostradamus, Rasputín, Edgar Cayce, etc.

EL LIBRO NEGRO DE LOS ILLUMINATI
Robert Goodman

En *El libro negro de los Illuminati*, el autor analiza en profundidad a los Illuminati modernos, desvelando hasta dónde están dispuestos a llegar para traer su Nuevo Orden Mundial. El libro contesta preguntas como las siguientes:

• ¿Existe una fuerza negativa que controla a los Illuminati?

• ¿Está en Europa su centro neurálgico?

• ¿Qué poder tiene la sociedad de Skull&Bones en China?

• ¿Existe relación entre los fundadores del Club Bilderberg y los nazis?

• ¿Por qué la NASA hace tantas expediciones no tripuladas a Marte? ¿Controlan los Illuminati el espacio?

• ¿Fue la muerte de Lady Di un asesinato?

• ¿Es el sida un producto de laboratorio?

• ¿Fue casual la muerte del microbiólogo británico David Kelly?

• ¿Nos van a colocar un chip a todos?

• ¿Se pueden provocar los seísmos y otros fenómenos naturales?